WOLF SCHORAT

Wiedergeburt und Erleuchtung des jungen Werther in Marrakesch

Humorvolle Erzählung

ISBN - 978 - 3 - 932209 - 20 - 8

TONSTROM VERLAG

Vor einigen Tagen ging die Bombe in Marrakesch auf dem Platz Djemaa el Fna im Cafe hoch. Schade und sehr schade,das diese durchgeknallten auch Marrakesch wegbomben wollen. So Senil kann Glaube sein. So verrückt ist deren verrückter Glaube an Gott das Göttliche. Als ob das Göttliche ein Bombenleger ist. Als ob Gott Bomben legt. Als ob Gott ein Mörder ist. Nein. Als ob Gott zum Töten aufruft. Nein. Bombenleger sind bloß evolutionsmäßig stehen gebliebene Gläubige die nicht Denken können und logische Schlussfolgerungen erreichen können.. Die Dummen Blöden SauBlöden Mörder wollen Menschen zeigen wo es lang gehen soll. Was für ein durchgeknallter moslemischer Hohn,der im 14. Jahrhundert lebenden unentwickelten Gläubigen. Aber so ist Entwicklung nun mal auf der Erde. Da gibt es Saurier und da gibt es Erwachte und Meister. Aber die Gläubigen durchgeknallten Bombenleger Erdweit, das sind bloß Unterblöde Superblöde Mörder. Im Wahn ihres Stinktierglaubens. Verzeihung Stinktier.Deswegen will ich diesen Schrieb sofort veröffentlichen. Denn ich habe sehr oft in Marrakesch gelebt mit Freunden in der Altstadt und in dem explodierten Cafe meine erste Suppe in Marrakesch gegessen so um 1973.

Für die Liebe die kein Fanatismus ist.
Fanatismus entsteht durch Mangel an Liebe.
Religion ohne Liebe ist Fanatismus.

W. Schorat

4

Wiedergeburt und Erleuchtung des jungen Werthers in Marrakesch.

Was ich von der Vergangenheit des reichen Werthers in der atomaren Erinnerung habe, wurde mir mit dem Leistungsprinzip kollektiviert und ich, Wolf Zebra, stelle es euch hier vor und präkognivierte schon damals, als das alles im Bewusstsein des Unbewussten war - das ihr mir's danken werdet. Ihr werdet seinen leuchtenden, etwas energiespendenden sparenden, Massengeist und durchlöcherten Charakter mit Bewunderung und Plastikliebe, seinem Sendesaale (historisch: Schick-Saal), eure Tränen, die den Schwefelgeruch haben, nicht versagen.

Und du gute Seele voller entzückter Rätsel, die du schon immer den tiefen Höhenkoller fühlst wie er, löffle Trost aus seiner wiedergeborenen Erleuchtung und lass das Büchlein so fein, deine Freundin und Freund sein, wenn du aus der Soheit des Da-Seins in dieser 12%igen Nirosta-Atmosphäre der Offen-kunft zur Zukunft keinen zeitlich besseren finden kannst.

Hauptdarsteller (einige wenigstens):

Hanane Mohamed, der Schnellmenschler (ehemals Schnellvögler), lustig.

Aztl Werther, ehemals blind, süchtig, als leidender Verliebter kreatiert, doch in Wirklichkeit Kopfkrank, weil er nicht genügend Unterscheidungs-Fähigkeit und Ober- scheidungsfähig und Kellner-Scheidungs - Fähigkeit besaß, sondern vom Goethe verdichtet, anstatt erleichtert wurde.

Wolf Zebra, konfuser Träumer, der eine Vision hatte und sie wieder vergaß, aber trotzdem noch an Menschen glaubt, obwohl er selbst ehemals ein Atlanter war - und die waren alle Starkstromverbindungen zu den noch unvermischten Göttern, die jetzt wegen zu viel Vögeln und Genusses von Cannabis und anderen Pflanzenextrakten in flüssiger Form und Machtmissbrauch in Wissenschaftler mutiert wurden. Oder für die anderen: zu Wissenschaftler geändert wurden.

Magnolia, die Personifikation der Wünsche, nie existierend, aber immer schlummernd, als ursprüngliche kosmische Ur-Substanz schlummert sie in jeder Fantasie und sie wird real zum Anfassen sobald in der Wunsch-Fantasie die richtige atomare Konstellation der Magnetfelder - auf denen die heißesten Vergissmeinnicht und Sumpfdottern leuchten - vorgestellt werden.

Altstadt von Marrakesch, 3. Mai 1981

In der durchsichtigen seidenen Jellawa gekleidet saß Wolf Zebra auf dem Dach des Hauses Bab Doukalla Nr. 156 und hörte dem sowohl heiteren und ewig erleuchteten Tönen der Vögel zu, die jetzt kurz vor Sonnenaufgang ein extra lautes Sonnen- und Wach begrüßen konzerteten.

Wolf Zebra saß im Vergissmeinnicht Sitz der Sonne zugewandt, die nun das Licht und die Wärme für zwei Dirham pro Zentnerwatt fast kostenlos weiterleitete.

Ach, wie bin ich froh dass ich weg bin, dass ich weg bin von der traurigen architektonischen Horrorstadt, die eine Atmosphäre des Millionendorfs Berlin/West - und die andere Atmosphäre Grauheit, Zerfall, die plumpe Groß-schnäuzigkeit aber vor allem elektrische Illusionsaufrechterhaltung durch Werbung und Hundekacke en mass auf den Straßen vermittelt.

Ein Kuh-Reiher flog allmählich mit gemütlichen Flügelschlägen an Wolf Zebra vorbei. Einige Esel beklagten sich. Die Sonne war jetzt voll blendend. Und während er im Vergissmeinnicht-Schneidersitz sich vom Sonnenlicht sein Frühstücksnektar nahm flog eine Schwalbe auf ihn zu, ließ etwas Kot fallen, kreiste ein Weile über ihm und landete dann sachte auf Zebras Schulter, - der sich nicht erschreckte sondern ihr so tief zuhörte, dass daraus ein Hochfreguenzlauschen wurde und er ihr Gezwitscher zu interpretieren glaubte: mit Frauenmenschen sich vertragen, mit Männermenschen sich vertragen und mehr Kredit als Geld, so kommt Mann und Frau auch durch die Welt.

Das zwitscherte die Rauchschwalbe ganz fröhlich vor sich hin und die Sonne nährte die Sommersprossen auf den Gesichtern der beiden.

Mit Vielen kannst du Schlemmern, mit Wenigen kannst du zusammenleben.

Das Wenig Vieles sei,

Das schafft nur die Lust herbei.

Du hast Recht, nickte Zebra sonderbar wollend im Zwitschertakt der Schwalbe, die weiter zwitscherte, jodelte ...

Will sie sich nicht bequemen, so müsst ihr eben nehmen.

Will einer nicht vom Ort, so jagt ihn eben fort.

Lasst alle nur missgönnen

Was sie nicht nehmen können.

Und seid im Herzen froh, das ist das A und O.

So fahret fort zu dichten,

Euch nach der Welt zu richten.

Bedenkt im Wohl und Weh, dies gold'ne ABC ...

Adieu Wolf Zebra, wach' nicht auf, denn du wirst aufgewacht, rief die Schwalbe noch, schon wieder auf dem Höhenflug mit den anderen zigtausend Schwalben und Mauerseglern über Marrakesch ihre Lebensfreude ausstrahlen, die sich noch in der Atmosphäre weitertragen lässt bis sie alles das was träge ist und beschwerlich und unnötig ist, durchflutet und leichteren Sinnes macht. Insbesondere die Bleigehirne der Waffen -Wissenschaftler der Erdmenschen, darüber noch die Sumpfmentalitäten der Kriegsgläubigen, eingeschlossen der religiösen wahrhaft ungöttlichen Fanatiker die sich im Besitz der Wahrheit glauben und auch die welche sich als Führer der Menschen vorkommen, sie aber immer wieder in Machtkämpfe und Kriege verwickeln weil die alle immer noch nicht im Herzen froh sind und sooooon Mist, der soeben erwähnt wurde, brauchen, - die Süchtigen, die Abhängigen die auf euch immer noch reiten.

Zebra erwachte wieder, sah vor sich die geometrischen Dachformen, die geometrische Sonnenform und die Naturform der schneebedeckten Atlasberge, - jene die den Namen in Verbindung mit der Atlantiswa(h)rheit bekamen und nun eine starke befreiende Schau für das empfängliche Wesen in Wolf Zebra waren ...

Dieser Zebra, er war hierhergekommen um Hosen und Lederjacken einzukaufen, um Taschen und eine einzige Lederhose als Muster mitzubringen, aus der sich ein für ihn fantastisches Geschäft, ein Fantalacokamorgana-Geschäft er hoffen konnte, - es aber gar nicht tun wollte sondern lieber nüchtern als Möglichkeit sah ...

10.000 Lederhosen wollte der G-Händler in D-Dorf haben und Zebra muss Lederhosen unter 100 Mark das Stück finden, am besten für 2 Mark das Stück, damit er sie für 70 Mark das Stück an den G-Händler, der sofort so ein Angebot nehmen würde, verkaufen konnte. Da waren dann X-l0.000-500.000 DM Oberflächenprofit drin und dann schnell weg auf eine Insel und weiterträumen, bloß weg vom Geldmachen ...

Wolf Zebra atmete tief und ruhig. Mehrere Stimmen waren jetzt zu hören. Berbersprache. Hähne krähten. Ein sachter Wind wehte durch den seidenen Jellawa. Er konzentrierte sich zu einer Art Windröhre die sich langsam, wie Ein - und Ausatmen, nach vorne und hinten bewegte und nun über den schlummernden Pimmel, den gebräunten, in Niveaöl gelabten, bewegte und ihm seine morgendliche Windmassage gab.

Eingeölt wie er war, war er ein Anblick für die Männer und Frauen welche wussten, dass nun alle Wasserleitungen ihr

Wasser in der entgegengesetzten Richtung fließen ließen, zurück zur ewigen Quelle, das Symbol der Erektion, die voll und von der Windrohrhose gekräuselt in der Sonnenflut leuchtete ...

Und der Zebra schaute sich das alles an, denn er wusste dass alles getan wurde. Und so förderte er jenes Wissen, auch innerlich im Gespräch mit der erfrischenden Quelle, zumal ja auch Frühling ist. Aber doch kurz vor der aufsteigenden Eruption der Fülle der Natur, die über das Sichtbare und Stoffliche weit, weit hinaus reicht, ebbte der Quell zurück und anstatt sich nach außen zu versprühen labte sich alles auf's Feinste im Innern, - und das noch vor'm Frühstück ...

Welch ein Tag ... , weg von Berlin, sinnierte Zebra, auf dem sich nun schokoladenbraune Sommersprossen vergrößerten, im Zeitlupentempo, bis er eine riesige Sommersprossenhaut hatte ...

Inzwischen während Zebra seinem morgendlichen Sonnenbad Huldigung gab und das Bad diese Huldigung hungrig annahm - denn es brauchte keine Bestätigung, empfand er nicht das Anwesen der anderen Hauptdarstellerin - Magnolia-denn, sie auch in Seide gekleidet, selbst geschneidert, origineller, größerer Augenfänger und später in Benutzung bei den Etablierten ModeKaisern und Innen, die damit dann die Sahne schlugen. Sie hatte nun diese Bewunderung von Niemand der Keiner war, so war er Jemand. Und dieser Jemand war kein Neider sondern ein Freund. Und sie, Magnolia, war in dem Raum des Hauses das als besonderes Zimmer galt.

Sie schaute aus dem Fenster.

Dieses Zimmer auf Terrassenhöhe mit einem feinen Garten der aber, obwohl er fein war, schon all zu oft als miserabler

10

gesehen wurde, gemäß der Verfassung der Schauenden, die ihn entweder in einen euphorischen Gemütsverfassung voller blühender aber auch verwesender, ja sogar toter Schönheit sahen, obwohl es ja gar keinen Tod gab und an diesen Tagen dann sogar das verlorene Paradies, das in ihnen verloren war, denn sie hatten sich schon all zu oft der Spur ihres überraumzeitlichen Wesens voller Trotz geweigert zu folgen. Und da kam das Dilemma schneller, ja Sie sahen das Paradies da, weil im Garten dann ein jeder Betrachter nur den Garten und SICH, sich allein sah. Und das war eben dieses unebene Paradies das aus der euphorischen Gemütsverfassung, die wie gezeigt - vernichtende Tatsachen schafft, - einen Jeden letztendlich schafft ...

Und dieses Zimmer in dem Magnolia saß war das Arbeitszimmer eines Menschen der einen Schreibtisch, Sessel, Bücherschränke voller Bücher, aber wo es vor allem Schlichtheit und Schönheit zu sehen gab ...

Einige Besucher hatten gemeint das Kargheit vor Allem den stärkeren Eindruck hinterließ ...

Aber jene hatten schon keine Wahrnehmung mehr für die Feinheit des Wenigen, die Leichtigkeit des Schlichten und der ästhetischen - was das auch immer bedeutet Ruhe ...

Magnolia saß hier in dieser, was sie als glückliche Kammer wusste, alleine ... Sie betrat sie selten. Sie betrat sie nicht von oben, von der Seite - und hatte auch nichts anderes treten wollen. Deswegen betrat sie dieses Zimmer oft wochenlang nicht. Wenn sie aber ins Zimmer schwebte, dann war sie frei von der Sorglosigkeit und dem Nicht-Andrang des All-Tags. Und sie fühlte sich ruhend und gleichgewichtig - in ein das Dasein - verwoben, das die Chaotik und Überschwänglich-

11

keit zu wahren kosmischen Welttagen machte .Worin ihr Hirn in dieser schönen schlichten Ruhe und die Aktivitäten sich ihr erst richtig bewusst wurden. Ja, sie merkte erst dann das sie wahre Fluten von gesammelten Gesprächen, Gedanken, Tönen, Ideen, Vorstellungen, Be- und Verneinungen, Reizen und Verstopfungen, Fluchen und Bewunderungen und sich selber, sie, ja sie, die sie ein philosophierender Mensch war, - als Erkenntnisquell mit zu schaffen hatte. Und dann, dann wollte sie des Öfteren schnell wieder in die Gesellschaftsfähigkeit der Aktionen zurück. Aber nein, das tat sie dann doch nicht. Sie blieb dann da in der Ruhe mit welcher sie, der philosophierend Mensch, - so war's - auch nicht mehr viel mit anfangen konnte. Nur der Instinkt - die Wurzel in ihr - führte sie hierher zurück ...

Magnolia saß in der Mitte vor dem Fenster auf einem Kissen. Alle Körperteile waren gelöst von den Operationen, von welchen noch einige Stahlbänder, Silbernägel und Goldnieten - also keine Gewinne - übrig waren ... Sie lagen genau betrachtet auf dem Boden herum und das war für Magnolia eine besondere Befreiung. Die Organbefreiung. Auch keine Möse mehr. Sie lag da nach Luft schnappend und ein feuchtes Lied jauchzend, das aber nicht gehört wurde ...

Hinter ihr, der Möse und Magnolia, lag die Falttür aus Elfenbein. 100% stand auf ihrem Rücken. Viele Elfen hatten ihre zarten Beine für diese Philosophenmenschen absägen lassen müssen - ja müssen. Auch wenn sie mit drei Goldsägen abgesägt wurden, - weil dann keine Narkose angewendet werden musste, fiel den Elfen das Gehen danach nicht so leicht und deswegen haben die Elfen heutzutage auch schon die feinsten Flügel. ..

12

Die Tür war sogar sorgsam geschlossen. Und jetzt konnte diese nebelzarte eingravierte Landschaft, welches stimmt, das Land schafft, die eine Meisterin im Elfenbeingravieren - deren es nur 30% gibt - und diese Tür mit voller Wonne des künstlerischen Ich - bin - einzig auf die Knochen graviert hatte, auch als echter Nebel oder seichte Benebelung gesehen werden ... und Magnolia, als sie sich orgasmisch an den zarten Farben gelabt hatte - und das gleiche passierte auch immer mit dem Künstler, dass diese Farben, diese Knochentür eben wenn sie genau betrachtet wurde. Obwohl sie ja eine nebelzarte Landschaft sein sollte, doch mehr die Erinnerung des vergangenen Übels zurückrief, nämlich das Absägen der Beine der Elfen. Und das war Wahrheit die sich da andauernd von selbst produzierte, - die über Schönheit und Kunst weit leuchtete. Und deshalb so eindringlich auf die Gemüter der Betrachter wirkte weil Wahrheit eben das zeigt was war, die vergangene Gegenwart der Zukunft gegenwärtig als Wahrheit und ganz natürlich noch viel, viel mehr. „ Gewissheit und schöpferische Flauten für diejenigen die sich der Intuition hingaben und sie als einzig Schöpferisches anhimmelten. Glücklicherweise waren diejenigen die mehr schön als war - wahrnahmen bei der Betrachtung, der offenen, so vernebelt, dass sich ihnen im Hauch ihres eigenen Magischen, das Bild vor ihnen auflöste und wie eine Melodie entschwand. Und sie dann doch tatsächlich voran schritten und gegen die Tür knallten das die Knochen der Elfen, die benebelten Betrachter wieder aufwachten und sie melodisch fluchend dann zurück wichen, wobei sie schon des Öfteren über ihre eigenen zukünftigen Gebeine, die sie doch auch zum Tür anfertigen benutzen konnten, stolperten ...

Wenn ich doch nur das Labile der Vorvergangenheit nicht als gedankliche Unfähigkeit sie so interpretiert zu haben, sondern als Gegebenheit. Das bei meiner Arbeiterschuftfamilie, die zwar einen Mercedes und drei Mopeds, eine Wochenendhaus in Norwegen und drei Imbiss Zelte auf dem Marktplatz hat, nicht wüsste. Das macht mir zu schaffen, denn keiner mag unsere Familie - noch nicht mal als Notkost. Uns wird vorgehalten keine umfangreiche Bildung, nicht genug Geld und Geist, aber vor allem keine Stütze als Vollblut Arbeiter-Vorfahren zu haben, denn unsere Familienangehörigen entstammen aus der Zeit der Patina des Goldenen Zeitalters. Viele Jahrhunderte jung. Mit schlanker zarter Statue in Geist und Fähigkeit erhaben und doch im Windhauch zitternd, den Sinnen spürbar. Alle Zähigkeiten der Welt haben sie in ihrem Stammbaum der Familie.

Magnolia wusste selbst noch nicht das sie Fantasie war weil sie ja war. Sie rührte sich nicht, sie wollte ja auch kein Pulverkuchenteig aus sich machen.

Mit einem Ausdruck innerer Erwartung und seelischer Spannung auf der Geist wie ein Pfeil geschossen werden könnte, schaute sie krumm wieder aus dem Fenster in den Garten, belebt mit Rotkehlchen und Eichhörnchen, Igeln und Regenwürmern mit Frühlingsastern auf denen sich Schmetterlinge in den noch vorhandenen Tautropfen sonnten und dann en gros materialisiert wurden.

Da waren auch alte Zigarettenkippen, einige Bierdosenringe im Gras, aber verdeckt.

Ein Strahl der aufgehenden Sonne fiel seitlich durch das nicht anwesende Gitter, floss durch etwas Papier, fast so wie Wasser durch Papier fließt und ließ ein Schattenmuster der Buchstaben, die auf dem Papier waren, auf dem rosanem Marmorboden aus ehemaligem Rohöl aufleuchten, aufleuchten, aufleuchten - glänzend so ein Aufleuchten.

Ohne das Magnolia den Blick von ihren Augen mit der rechten Hand hätte nehmen wollen war der Lichtleuchtstrahl langsam über die Platte gewandert. Er hatte sich deswegen noch Lammfellpantoffeln angezogen und hielt nun vor dem Körper dieser Magnolia, die doch nur ein Molekularfantasiegebilde war mit ihren Vergissmeinnicht und anderen Gewächsen, nur weil diese Frau eine welke Hand hatte, die im Takt des Herzens leise pochte ...

Schmal und feingliedrig konnte sie als ein Merkmal der Arbeiterrasse gelten ... Die feinen Adern - oder waren es Venen in denen der Geist mit Witz hauste ... Witz war ein Trinkkumpane von Geist - und beide hatten die gleiche Wohnung.

Die Haut dieser Magnolia glänzte und lächelte mit seidigem Schimmer, von welcher viele behaupten würden, das sei der Ansatz zur Neigung zu einem ästhetisch gerichteten Wohlleben. Doch diese Bräunungszentren waren heutzutage die Brutstätten für allerlei gut bezahlter Massagen und Blasereien. Ja, da wurde sogar des Öfteren durch Zungenschnalzen so manche Möse vom Austrocknen gerettet sowie mancher Pimmel engumschlungen ... Und das war doch nun wirklich ------ entsetzlich --- das war Gang und Gebe in Marrakesch ...

Im Garten plätscherte unter anderem auch noch Wasser in einen Steintrog. Aber sonst war ringsum tiefe Stille -gebannt vom Zauber des Unbewegten ... gibt es sowas - - - Unbewegtes ...

15

Da glitt Magnolias Blick vom Felsen auf den Boden, dem moosigen, und hätte sich beinahe den Blick-Knöchel verstaucht. Eine blaue Schlange schlängelte sich mit alkoholischer Grazie, fast wie eine Nudel, auf das Steinbecken zu ... Magnolia erfreute sich an der anspruchslosen Musterung der Schlange, die aber doch wohl ausgesprochen werden darf... Sie hatte Sympathie für diese stille Wohngenossin, die auf dem Boden unterm Haus ihr Haus hatte, den riesigen Marocratten nachstellte und Frösche von vorne verschlang, dabei das Leben das ihr doch nicht gehörte weil's dem Leben gehörte, ohne Gebell und Geschrei und Gegacker, welches auch angenehm ist, durchlebte ...

Es schien so im Licht als hätte sie der Ablenkung durch die Schlange bedurft, um sich aus ihrer nun wohl entspannten Verfangenheit lösen zu können.

Sie ließ nochmals den Blick mit etwas mehr Geschwindigkeit - aber wie lange noch mit diesen Energiepreiserhöhungen - durch den Garten spazieren als wäre sie die Göttin persönlich. Und vom Garten wehte eine warme Kühle mit Feuchtigkeit als Urquell herein ...

Der Saharawind hatte sich durch die Atlastäler geblasen. Während das so war setzte sich Magnolia an den Schreibtisch, nahm Blattpapier, Kuli und fing mit loser Hand an zu schreiben ... Draußen wurde Allah der Große von den Minarettrufern gepriesen. Die Worte schallten weit durch den Lautsprecher unterstützt damit ja auch Jeder und Jedes die Gesinnung der Offenbarung Mohameds, der auch ein Schnellvögler gewesen ist, zügellos und ohne Gebisskette im Maul sich seiner Wonnenleidenschaften hingebend und durch die Sage den Samen von dreißig Männermenschen gehabt haben soll ... Jaja, in Verbindung mit der Sage ist schon so mancher ver30facht worden ... Magnolia, die süße Eule schrieb nun also mit tiefen sinnlichem Blick so wie Magnolias immer schreiben. Da aus dem Urgrundsumpf. Und sie unterzeichnete sogar die ganze Sache.

Sie hatte heute einen glücklichen Tag. Sie hatte ihn in weißer Seide eingewickelt - den Tag - Ihren Körper.

Sie las:

Selbst ein so himmlisches Paar fand nach der Verbindung sich ungleich, Psyche ward älter und klug, Amor ist immer noch Kind.

Wie erlöst atmete sie dann auf... Unmittelbar war's so als ob sinnliche Lebensluft heran wehte - da vom Süden ... Menschennähe ...

Sie blickte nochmals auf die geschriebenen Zeilen und verstand kein Wort davon. Die Sinnlichkeit umgarnte nun ihre Psyche. Das fröhliche Gezwitscher der Berberfrauen, der Duft von heiligem Pfefferminztee, das Süße des Haschisssssssssh ...

Die Sonne war viel höher zu sehen. Draußen wurde alles mehr von einer tätigen Unruhe erfasst. Einiges wurde von unten, anderes wiederum von vorne oder oben erfasst. Aber in der Stadt wurden jetzt die Türen geöffnet und das Leben drängte sich wieder in die Gassen und auf den Platz und Plätze des Platzes ...

Kinder schrien auf dem Weg zur Schule, Mopeds klapperten und qualmten, Esel dröhnten von vorne und hinten, ein Stimmgewirr ertönte ...

Die jungen heißen Mädchen mit ihren wachen doch gleichgültigen Augen hinter denen der Blick zum Sprung ins Abenteuer lag. Junge Männer mit Kindern. Abschiede.

Sehnsüchte und die täglichen Ritualgespräche die nur traditionsgemäß geplappert wurden und die Oberfläche für das Öffentlichkeitswesen zur Schau stellten ...

Diese und mehr sah Magnolia im Geiste der auch langsam genug davon hatte - so wie sie's schon oft in Wirklichkeit gesehen hatte ... Ihr noch junges Herz fing heftig an zu pochen.

Ein durchsichtiger Gedanke war in ihr mit Seidenfaden und Spitzhacke zum Hirn heraufgeklettert:

Septalie, die Freundin - die auch Latte heißt.

Ein gemeinsames Essen im Teehaus in der Nähe von Marrakesch, dem einzigen nur für erhabene Frauen und solche die's noch werden wollen.

Sie legte den Kuli zur Seite und überlegte noch ein Weilchen nur der Show wegen - jetzt für den Leser ...

Dann entschied sie sich entschlossen. Rasch stand sie und schlenderte mit prallem Busen, der auch wackelte und vollen Hüften, welche auch vibrierten, voller Freude aus dem Herzen in das Zimmer mit dem Telefon ...

Das Zimmer hatte keine Fenster und war völlig weiß mit weißem Phone. Das Zimmer hatte auch keine Türen, dafür aber einen Spiegel durch den sie gehen konnte und der sie dann unsichtbar machte - sie aber wieder sichtbar wurde wenn sie heraustrat ...

Bevor sie jedoch den Hörer abnahm zauderte sie noch magnolisch. Sie dachte grüblerisch das wenn Septalie, nenne ich sie doch lieber Lotte, nicht frei ist, dann wirkt die Enttäuschung darüber wie ein Schatten am Ende dieses gerade angefangenen glücklichen Tages. Und Schatten wirken doch so, dass aus ihnen fürchterliche Monsterfantasien schlüpfen die eine Person mit Masken, wie ich sie trage, ziemlich leicht

18

ängstlich machen kann. Sollte ich nicht doch lieber auf mich selbst gestellt bleiben ... Apropos, auf sich selbst gestellt, das kann schmerzvoll sein weil dann immer das doppelte Gewicht auf einem lastet, und das bei der sich bildenden Hitze in Nordafrika ...

Aber ob Magnolia das erkannte ist eine völlig andere Sache. Aber Sie nahm dann doch entschlossen den Hörer ab und wählte die Nummer. Es meldete sich - - Lotte persönlich- ein typischer Berbername, nicht wahr. Freundlich, freudig überrascht hörte sie sich an ... Eben hätte sie die ehrenwerte Magnolia, die Freundin, anrufen wollen und sie ins Teehaus einladen wollen, damit sie samt Teehaus nach Madrid gesendet werden können - oder so..

Magnolia fühlte einen Schwindel, keine Lüge der Freude, keine Lügenfreude angesichts solcher Übereinstimmung. Sie lachte und umarmte die Freundin im Geiste - schon wieder im Geiste ...

Die gleiche Absicht habe sie auch gehabt als sie zum Hörer griff. Nun brauchte sie nur noch zu sagen:

Aber Lotte unterbrach sie fröhlich wie ein alter Kläpper wiehernd, lass uns unseren kleinen Freund dazu einladen, oder ... Jaja, sang Magnolia voller Lust ins Telefon ... Latte mit ihrer süßen Stimme, mit ihrer komischen Neugier --- mit ihrem lustigen Profil, überjauchzte sie die andere ...

Beide lächelten das aufgeklärte Lächeln aufgeklärter Antinekrophulister ... Beide..umarmten sich noch einmal und priesen das Glück ihrer Übereinstimmung ...

Bis später ...

Inzwischen war Wolf Zebra vom Dach geklettert. Er hatte

sich rasiert da unten in der Bruchbude, wo auf dem Fußboden und an den Wänden riesige Mengen riesiger Ameisen, schwarzer, umher suchten, um ihr Ameisenglück, das göttliche, zu finden und manchmal auch konnten, indem sie so manch einem anderen Lebewesen den Kopf abzwickten ...

Zebra glaubte an außerirdische Wesen die in der riesigen Riesigkeit des Universums irgendwo ihre intergalaktischen und interdimensionalen Reisen vollbringen und irgendwann doch auch mal hier auf Besuch kommen ... Aber ob sie jemals von ihm gesichtet werden, er wünschte es sich sehr ... Spinnereien hatten für ihn die feinsten Verbindungen zur Wahrheit, auch wenn all zu oft Eonengroße Fantastereien entstanden und der Witz der Sache sich in den Vordergrund drängte um das nüchterne Klare in ihm abzuwürgen. Denn er war überzeugt, da ja Alles existierte und ist, was auch immer Alles sei, eingeschlossen Träume, spinnen, fantasieren, so hat auch alles seine wahre Quelle und muss somit auch existieren ... Sein ...

Aber zu allererst müssen die geheimnisvollen Bewegungen im Innenleben voll erkannt werden. Denn da laufen Sachen in ihm ab deren er sich niemals bewusst gewollt hätte zu sehen, zu hören, ja, sich dessen klar darüber zu werden. Deutungen, Astralreisen, Hellsicht, Ahnungen und das war ein ziemlich buntes belebtes Göttertorkeln da in ihm ...

Nur musste er vorsichtig sein nicht gleich alles zerdenken und zu bestimmen - lieber zeigen lassen und öffnen ...

Er hatte die alten Schriften gelesen. Er hatte erkannt was die Bilder zeigten. Er wollte auch mal von den Göttern sozusagen entführt werden - oder als Studienzweck von den Ufowesen unter die Lupe genommen werden. Und deshalb wollte er auch hier sein finanzielles Glück machen um eine Zeit lang im Bermudadreieck zu lauschen, zu beobachten, fotografieren und so weiter.

Der Freund Hanane Mohamed mit philosophischem Gemüt - unter anderem - hatte ihm dieses Haus hier in der Altstadt zur Verfügung gestellt. Bis jetzt waren die Schneider noch nicht gekommen. So fühlte er sich auch noch angenehmer, denn zurzeit wollte er hier nicht gestört werden. Er konzentrierte sich auf Magnet- und Schwerkraftfelder und den anderen Substanzen, subatomaren Phänomenen, um eine zeitweilige Veränderung in der thermonuklearen Anziehung zu bewirken. Denn Konzentration und Denken und Wille könnten ihn vielleicht in die ätherische Welt transferieren ... Denn diese derartigen Kraftfelder sollen ja und tun's auch - sowohl die Ursache wie die Wirkungen der Transmutation und Transfer von Materie sein ...

Allah ist groß und wir sind seine Propheten ...
Und seine Propheten brüllen besser noch als Löwen - sie sind aber auch keine Löwen. Sie brüllen: keine Weiterentwicklung von Vernichtungswaffen. Keine Weiterentwicklung von Vernichtungsmentalitäten. Keine Weiterentwicklung von Vernichtungsgedanken. Denn sonst wollen wir Ja Tod spielen - selbst der Tod sein. Aber der Tod kann transzendiert werden - ja sogar völlig anders gedeutet werden. Also keine Weiterentwicklung von Vernichtungswaffen ... Doch in der Ferne wurden schon Pläne geschmiedet auf denen die Konstruktcure und die Arbeiter für Vernichtungswaffen vernichtet werden sollten - durch ihre eigenen Waffen von

Exterminatoren ... Aber mit der versuchten Konzentration war's nicht mehr so einfach wie früher. Da schwirrten zu viele im Trubel der Zusammenarbeit mit Menschen, Widrigkeiten und emotionale Verwicklungen, welche die kurze Vergangenheit mit einem gewissen Verdruss erschienen ließ. Zu viele Wutmenschen, zu viele Strotzer und Neider unter den Menschen, die oft diese miserable unterschwellige Energie der Missgunst und Zerstörung förderten - ja sogar wenn oder insbesondere - wenn zwei oder mehrere Menschen engere Kontakte hatten - sich liebten ... Da war auch ein negatives Bild gewachsen das in der Fotografie nicht nötig ist um ein Positiv zu machen. Aus dem Gegensatz Paris - Berlin, welches Berlin absolut in Schutt und Asche dahin bröckeln ließ. Und ihm wurde auch klar dass in solch einer Umgebung nur solche Beeinflussung abgegeben wird. Das er selbst mal so grau und öde, so brutal, so egozentrisch, so streitsüchtig und sicherlich so staubig sein würde, so laut, so unschön. Solche Verhaltensweisen wie die abgefuckte traurige Berliner Szene sie hatte, die dann vom Alles abgegrast, alles ausgesaugt, alles überdrüssig quasselt - welches sie aber extrem fördert ...

Ihm war schon lange bewusst das Westberlin an die DDR verkauft werden sollte, dass zwei Millionen dort Lebenden den Erlös des Verkaufs durch zwei teilen sollten -eine Hälfte an die BRD, aber besser noch das der gesamte Erlös unter zwei Millionen verteilt werden sollte und das würde 2 Millionen x 1 Million gleich: 2.000.000.000.000 sein ... Also jeder würde dann Millionär sein.

Und das schleichende Abtöten dieser noch mit dem Fluch der zwei Weltkriegen angefachten Vergangenheit verklemm-

22

ten Stadt, würde mit einer unbegrenzten Umgebung wieder frei atmen können und auch die Menschen die dort leben wollten ... Aber so, so war die Stadt eine unerogene Augenseuche für den gesunden Geist ... Am schlimmsten nagte nun die Möglichkeit einer wirklichkeitsfremden Besessenheit die seine Energie verzehren könnte in ihm. Und die wollte er so schnell, blitzschnell aufgeben ... Nämlich mit der Wahnidee souverän durchs Erdenleben zu gehen ... Wo er aber auch merkt das die Souveränität solch ein Mittelmaß geworden ist, dass ihm vieles nicht mehr zusagte - ja, er's am liebsten von der Erde verschwinden sehen wollte . Sämtliche politischen Systeme zu allererst

Und das förderte im Frühling eine Spannung im Kopf die unangenehm und explosionsartig fähig ist und das störte ihn in seiner Konzentration, denn er wollte nicht in schöpferische Wut-Schöpfereien versinken, um sich periodisch davon zu befreien ...

An die Wurzel gehen und nur noch das eigene Interesse fördern, das wurde ihm schon des Öfteren vorgeschlagen, - er wusste das Berliner Luft verseucht ...

Bloß eine so natürlich, sehr naturgemäße Antwort auf diese Angelegenheit finden und vor allen Dingen der Natur trauen, dass sie sämtliche Wunden in ihrer Zeit heilt - wie sollte das daran hindern mit den erwähnten Sachen aufzuhören ...

Und deshalb nichts tun, Wolf, sei still und versuche objektiv zu sehen, denn auch du bist hier sinn-voll und nicht sinn -los in dieser Welt ...

Diese Geschäftswelt, was für eine abgewichste korrupte Welt sie sein kann. Was für ein Dilemma, der Kontakt zu den größten Spinnern und Intrigisten ... Das Magnet für Süch-

23

tige und die's werden wollen ... Gierige, die noch blinder und rücksichtsloser sich - wie's so schön gesagt wird - ausleben. In der Geschäftswelt wird vom Massenmörder an alles verkauft, vermarktet - auch Atomkraftwerke sind Massenmörder, auch Waffenlieferanten und Waffenhersteller, nationale und internationale Waffensystemverkäufer auch - auch die Konstrukteure oder die Kugelpolierer, die Lackierer der Panzer sowie die Techniker und Schlosser, die Monteure sowie die Lastwagenfahrer, die Speditionsteilnehmer und die Bankangestellten die das Geld überweisen, die Köche die, die Suppen zum Leben liefern, auch die Schneider die schöne Armeehosen liefern sowie Arbeitsanzüge zum Arbeiten herstellen, - sie sind Massenmörder ...

Ja, das Schlimmste ist ja jenes, das so wie die Staaten, Länder, Völker heute aufgebaut sind. Jeder potentiell an seinem Untergang arbeitet, dass jedes Land mit der Armee als Krönung, welche riesige Mengen von Geldern verschlingen - nur damit sich gegenseitig umgebracht werden kann, auch hier in Maroc, der Polisario-Krieg, Lebensmittel werden teurer - Löhne nicht, dass jedes Land dem Tod dient ...

Die Staaten von heute sind, obwohl sie für Frieden plädoyieren, lügnerische Staaten - die Künstler des Heuchelns und des naja, denn in Wirklichkeit werden mehr Grenzen aufgebaut als abgebaut ... Jedenfalls war da in ihm sehr große Unzufriedenheit wegen der sogenannten globalen Menschlichkeit so wie sie ist ... Und deswegen stank das soziale Bewusstsein himmelhoch ... Es fing schon an die feinstoffliche Region zu verseuchen und nur die Hitze der grobstofflichen Region war fähig alles zu verbrennen und zu verschmelzen ... Jaja, das allgemeine Menschliche, davon wollte er nichts wissen, jedenfalls war's übles Material. ..

Er wollte weg von der Illusion die dass allgemein Menschliche- Gesellschaftliche bot, denn sie ist die reinste Parteilichkeit und Cliquenwirtschaft wo jeder andere verdammt ist - auch mit Toleranz, auch mit Kooperationsbereitschaft und Wolf Zebras.

Er machte sich empfänglich für die ganze Welt die in seinem Herzen leicht Platz hatte - ja, so träumte er.

Aber die Auseinandersetzungen die dann folgten, die brachten ihn mit vielen schlechten Einflüssen zusammen. Und das waren Kräfte die ihn innerlich nicht in Einklang mit der Umgebung brachten ...

Und das ist eine sehr große dampfende Kacke ...

Und diese Kacke lag überall sobald es sozusagen menschlich wurde und deshalb sind die Menschen wohl Wesen die ganz schnell andere Wesen werden oder erreichen müssen. Denn MenschSein ist ja schon fast eine globale Schande ...

Was denken bloß die anderen Wesen, Tiere, Götter, Geister von dem, über den Menschen.

Tja Menschen, ihm wäre beinahe - Seuchenverbreiter - in den Sinn gekommen ...

Aber was soll's, überlasse es, es, es, es, es, es, es, der Natur die sich mit solchen gewaltigen Kräften auskennt. Sie hat Erfahrung damit. Die Jahre und Jahrzigtausende, sie rotieren in ihr, aber vor allen Dingen keinen Missbrauch wie Atombomben und so weiter baut - oder atmosphärische Verpestungen oder auch See- und Landverpestungen und so weiter .

Denn hier bist du in Marrakesch, - schau, da oben zirkelt gemächlich ein Storch am Himmel- und außerdem lieber Träumer steht dir noch eine sehr außer-gewöhnliche Zeit hier in dieser Stadt zur Verfügung ... Wenn du willst kannst du die Vergangenheit abstreifen ... Du kannst hier sehr ausgewogen sein, werden. Hier ist eine hohe erotische Spannung im Land. Viele Zerstreuungsmöglichkeiten warten auf dich. Etwas exotische Kost ist schon parat für Dich. Du brauchst nur mitzumachen. Lächle, aber lächle echt. Sei natürlich und lass die wunderbare Heiterkeit - die deine Seele umgibt - in dieser Frühlingszeit wach werden ...

Und wer wird da nicht mitmachen - davon beseelt zu werden in dieser sehr ‚sehr kontaktreichen lächelnden, mysteriösen alten Stadt ...

Dann klopfte jemand an die Tür ...

Wolf Zebra stand bis jetzt noch mühelos auf. Er öffnete die Tür. Schaute vor sich her, aber niemand war anwesend, außer einer Katze, die sich an der gegenüberliegenden Mauer auf einem Abfallberglein ihr Frühstück suchte ... Da war für ihn kein anderes sichtbares Wesen zu sehen. Vielleicht hatte er paranormale Wahrnehmungen - vielleicht auch nicht. Als er sich gerade umdrehte, um die Tür unter anderem auch zu schließen, hörte er ein Mopedgeräusch und wusste sofort dass es Hanane war. Und er war's.

Die Katze flüchtete etwas zu ängstlich ...

Ahhh Zebra ... , wie geht's ... , hast du gut geschlafen ... , waren seine ersten Worte ... Doch Zebra war innerlich so hochgetrieben, dass ihm das Gesagte sinnlos erschien und keine Wirkung auf ihn hatte. Die Berliner Seuche hatte wieder zugeschlagen.

Könnte es auch die Seuche anderer Städte sein. Aber klar doch man.

Was ist los, rief Hanane ... Ehhhm, ist schon gut Hanane,

ich bin irgendwie unempfänglich für gewisse Sätze, Gedanken, Sprechen - oder manchmal Menschen überhaupt ... Du bist unter Spannung, ich sehe es dir an. Da ist ein Druck in dir und nur die Wut würde Jetzt zünden. Aber sei vorsichtig Wolf, das ist nicht der Weg, du musst diese Energiedruckwelle langsam abbauen ...

Hast du schon gegessen ... Nein, aber lass uns von Geld reden, von den Geschäften ... Ok, komm, lächelte Mohamed, dabei unter anderem auch seine langsam schwarz und faul werdenden Vorderzähne zeigend. Die würden bald raus fallen - und er ist erst einunddreißig. Sie gingen die mit Ameisen besiedelte Treppe hoch in das kleine mit escherähnlichen Fliesen ausgelegte Zimmer - - - - - hier. Hanane zeigte auf die Hosen in Schwarz, Dunkelrot, Weiß, Lila. Hob eine hoch und erklärte, dass er diesmal mit mehr Sorgfalt als üblich die Hosen anfertigen ließ. Er zeigte auch auf die Maschinenstickereien am Bund und an den Knöchelbunden hin ... , die auch sorgfältig und sauber gearbeitet waren ...

Aber auch das wirkte nicht auf Wolf Zebra ...

Und die Bemerkung dass sie ihm gefallen wirkte wiederum schwach auf Hanane ...

Somit war auch er schon etwas entfernter von der fiktiven Oberflächlichkeit des ewig gut lächelnden gesellschaftlichen Egos - oder nur Bruchteil seiner Identität war und ist ...

Denn Zebra erkannte das, wenn auch schwach, dass Hosenkomplimente keine Wirkung auf ihn hatten. Denn üblicherweise schmelzen die Plastikpuppen der sozialen Verfechtung, für die sie selten in der europäischen oder nordamerikanischen Marlborogesinnung Anerkennung bekommen - bei Komplimenten vor Freude in den 12ten Himmel, dass der

27

Schnellficker Hanane freier war ... Auch von Wörtern ...

Aber dann fing er, Hanane, doch zu reden an und zu hantieren wie teuer der Stoff geworden sei - nicht Heroin sondern Baumwolle - die Schneider wollen ein Dirham pro Hose mehr, Lebensunterhaltungskosten sind stark geklettert, der Krieg in der Wüste braucht Geld, der König will gewinnen, sonst ist er kein König und so weiter ...

Und die Ameisen krabbelten weiterhin herum ...

Und während die beiden da im Ameisenzimmer eine wissenschaftliche Emotionale, welche ja ein Zeichen der Wissenschaft ist oder Antwort auf die nun höheren Kosten der Hosen die Wolf Zebra dreieinhalb Wachheitsstufen heller werden ließ, zu finden versuchten, braute sich in der atomaren Welt der vielschichtigen feinstofflichen Ebenen ein hoch kultiviertes Wesen das ohne die üblichen Körperzeugungsverschmelzungen seine Form erhielt, zusammen. So wie die Banane ohne Samen ist, aber doch eine der angenehmsten Früchte bleibt - was ein Zeichen von langer kultureller Verfeinerungsperiode ist - auch so und noch bei Weitem besser. Also gut. Also akzeptiert.

So wurde da vom atomaren Botaniker durch den Astro-astralen Macher die optimale Astroevolution geschaffen. Ein vollkommenes sinnliches Wesen, dessen Sinne immer blühen und nicht verseucht sind. Sie sind in Kontakt und mehr.

Aber auch Magnolia und Lotte haben von diesem Astromacher- und der rin, ihre Fähigkeiten erhalten ...

Denn Magnolia hatte nun den Telefonhörer auf die Gabel geknallt. Sie eilte ins andere Zimmer, dort wo ihre feine Berberkleidung war. Sie klatschte in die Hände, dann öffnete sie

28

den verzierten bunten Schrank und stand wartend vor der Garderobe ...

Unmittelbar auf ihr Klatschen kam aus der seichten Tiefe des Hauses das kurze Ham - sa einer Frauenstimme die schon im hohen zittrigen Alter war. Magnolia klatschte in ihrer freudigen Ungeduld nochmal. Ham- sa hörte sie die Stimme nun lauter und mit einem Unterton von Hast. Die alte Perno flitzte schon die Treppen herauf und hastete über den hellen Gang heran. Vor der Tür blieb sie stehen, öffnete sie und sah ihre vielfache Persönlichkeit nicht - sondern die ihrer Weibinnnn Magnolia vor dem Schrank stehen ... Den seidenen Jellawa hatte sie schon abgelegt. Die Alte eilte auf Magnolia zu und schaute fragend mit den keuchenden Augen und dem runzligen Gesicht.

Lotte und ich werden uns im Teehaus an den Bergen treffen ... Werden sie in Gesellschaft von Männermenschen speisen ... Aztl Werther, wer auch immer das ist, wird uns Gesellschaft leisten. Als sie das gesagt hatte machten beide Frauen ein extrem erstauntes Gesicht und es sah so aus als ob Magnolia sich in sämtliche Ich's, die seit undenklichen Zeiten waren, auflösen würde - ja, als ob sie auf einmal transparent wäre. Und die Alte wurde dabei um noch zwei Jahre runzliger ...

Was, was, ich schwankte oder was hab ich da gesagt, murmelte sie vor sich hin. Aber da sie ein feinfühliges Wesen war, war sie sich im Klaren darüber, dass diese eine Voraussage war - wie ein Tagtraum - und sie freute sich noch mehr auf das Treffen mit Lotte ...

Die Dienerin wählte dann unter den schillernden Sachen einen indischen Sari aus feinster Seide, sechszehn Meter lang und völlig durchsichtig, was bei sechszehn Metern nur den schillernden Schimmer der darunterliegenden Konturen leuchten ließ. Die Farbe des Saris war eine Mischung aus Morgenröte und strahlendem Gebirgsschmelzwasser mit einem Hauch Indischen Ozean ...

Mit Geschick und Gefälligkeit wickelte sie Magnolia in den Sari ein, ging dann mit kritischem Blick um sie herum. Der Sari war weder zu eng noch zu tief liegend. Da leuchtete leicht aus einer Stille die sehr tiefe Kraft des Menschen, schon fast erotisch, faszinierend, denn obwohl die Alte schon etwas runzlige - na eben nicht mehr den Modemachern entsprechend aussah, war bei genauerem Betrachten und Zuhören die innere Schönheit wirksam. Ja, es konnte angenommen werden, dass manche Menschen um so älter sie werden, eine um so stärkere charmante liebenswürdige Schicht freigelebt hatten oder das waren sie schon immer. Und Magnolia bemerkte diese wieder, sie war froh darüber solch einen dienenden Menschen zu haben den sie nicht besaß, das war Illusion und in ihrer Nähe mit einer solchen charmanten Beeinflussung zu sein, die ihr natürlich auch zugute kam ...
Ja, Männermenschen müssen wohl mal von ihrem exotischen mystifizierenden Wesen mit Liebe auf den ersten Blick Bekanntschaft gemacht haben ... Und die, welche diese Bekanntschaft gemacht haben, hatten wohl auch was von einem natürlichen Lebensfluss gespürt - der direkt aus der Quelle der Menschheit sprudelt ...
Jedenfalls verabschiedete sich Magnolia noch bei Perno die ihr eine vergnügte Zeit wünschte ...
Magnolia fand sofort eine Kutsche, kein Wunder sie ist ja

auch so fantasiert worden. Denn in Marrakesch gibt es noch viele Kutschen mit alten dürren Gäulen deren Zähne klappern und Hufe rattern.

Während der Fahrt durch die rotbraun getünchten Häusergassen, vorbei an Bettlern, Blinden, Banken, Bullen und anderen Beschäftigten, sang sie ein altes Berberlied ganz zart aber kräftig vor sich: hin: wenn's dir im Kopf und Herzen schwirrt und vieles summt und klirrt, was willst du Besseres haben, wer nicht mehr liebt und nicht mehr irrt, der soll sich gleich begraben ...

Und als der Kutscher das hörte lachte er hell auf und gab den Pferden die Peitsche, so dass die Hufe Funken sprühten. Und in Marrakesch wurde das dann in die Pferdegeschichtsbücher als der Tag eingetragen, sich nicht mehr auf dichtende Magnolien einzulassen. Denn wenn das so weitergeht wird aus der Pferdegasse der Edlen noch eine Cyborgasse, ohne das sie es sich wünschten, denn Pferde sind keine funkensprühenden Halbmetall mechanischen Wesen ...

Und da war die Freundin, sie wartete schon vor dem Haus auch in leuchtende Farben gehüllt, eine wahre Pracht und die freudige Ungeduld im Gesicht ... Die beiden begrüßten sich ohne und-so-weiter mit lachenden Gesichtern, so wie gute und schlechte Freunde das auch tun ... Lotte setzte sich zu Magnolia, strich ihre Kleidung zurecht, so wie's nicht üblich war - schwer und fleischig wie sie war - als ehemalige Germanen - Holdheit, damals gemästet, dicken Arsch und fette Brüste ...

Wie der Werther sich wohl mit der gekullert hat. Aber da hauste eine liebe Geistigkeit in ihr. Und diese hatte den Werther ja damals wenigstens vom Kummer der Ausschweifung und von der süßen Melancholie zur verderblichen Leidenschaft übergehen sehen, denn sie gestattete ihm ja jeden Willenswunsch. Und ist das nicht fein ... Aber nicht weitersagen ... Die beiden Frauen waren ein Herz und dreiOOO Seelen so prächtig waren sie. Aber Magnolia war die Strahlendere von der auch damals J.J. Cale in seinem Liebeslied so aufgedreht war - und das unter dem Einfluss von Kokain ... Naja, wer da keine Funken sprüht der muss Blei im Blut haben ... Also das latente Cyborgtum liegt schon im menschlichen Blut konstant vorhanden ...

Also beide saßen nun nebeneinander und plauderten, klatschten in die Hände und freuten sich des Lebens. Zwei fantasierte Frauen angefüllt mit Lebenssäften, mit vielerlei Weisheiten, mit etwaigen Schwarzheiten - und doch wie Kinder, arglos und naiv mit einer Prise guten Gifts und Berechnung ...

Die Kutsche fuhr durch blühende schwer duftende Orangenfelder, vorbei an Schaaafen und Ziegenherden - ohne Ofenheizung, Kinder winkten ihnen zu, Bienenfresser schwirrten noch oben hinter den Insekten her, direkt auf die noch schneebedeckten Berge zu und hielt dann in der schmalen mit hohen Zypressen bewachsenen Garten-Gasse die zu schmal für Autos war ...

Die beiden stiegen aus - oder besser, versuchten es. Denn die Latte hatte mehr eine Art von Herumstolpern entwickelt welches ihr eine besondere Individualität, eine feinere Nuance ließ - bei ihrer Korpulenz. Magnolia lachte über ihre, von einem Fremden aus betrachtete, Exzentrität, denn Lotte war sogar ziemlich glücklich darüber ... Beim Bezahlen fingen sie sich an zu zanken, da keiner den Preis zahlen wollte - aber nur als Extrashow für den Fahrer - der die Blicke die er hatte nicht so leicht im Kopf von den beiden lösen konnte.

Ja, der alte Kleppergaul warf sogar die Mähne, die von Fliegen um schwärmte, nicht umher, so vertiefend war die Ausstrahlung der beiden.

So gebt mir doch nun endlich meine dreißig Dirhams, rief der Alte dann nochmal. Was, eben waren es noch zwanzig, antwortete Lotte - die rechte Brust straffend. Doch der Alte war wacher geworden, rief begeistert, sodass es von den Bergen zurückschallte und über ganz Maroc bis hinauf zu den Eskimos gelangte - wo's einfror: Alle Pfade Gottes sind ein wenig falsch, aber das macht nichts. Gott kennt die Geheimnisse eures Herzens, da kommt es wenig darauf an, was für einen Weg ihr einschlagt. Nur aufrichtig müsst ihr sein, dann wird er euch selbst auf den richtigen Weg führen ...

Die beiden Frauen stutzten, ein Sari wurde zurecht geschoben, eine Lippe kräuselte sich verdächtig, eine Blockade war da ...

Was das bloß mit seinem Geld zu tun hatte erwähnte dann Magnolia nochmals als sie jetzt alleine die Gartengasse hochgingen ...

Pffth, war Lottes Antwort dazu ...

Und hätte das Wolf Zebra gehört, er hätte der fetten Lotte noch hinzu gerufen:

die Welt giert, wo Geld bittet,

die Welt grinst, wo Profite steigen.

Und dann wäre die Lotte auf ihren fetten Torso gefallen - aus dem wohl dann auch pffffthhh käme ...

Denn Reichtum sucht der Mensch ja instinktiv, das braucht ihm nicht gelehrt zu werden - und nur das wollte der Alte ...

Raschel, klick, stolper - so gingen die beiden den Weg bis zur Teehaustür die im Schatten lag und döste, dabei aber auch nicht die Wimper zuckte zu sehen welche flotten Frauen, die wie roter Mohn lächelten, da nun von der Teehausbesitzerin empfangen wurden ...

In die Hände klatschend rief sie sanft aber bewegend aus: Leidenschaft hält den Grund des Universums hoch - und die Dichtenden geben dem eine neue Kleidung, aber ihr beiden seid die Verbindungen zur Liebe die aus Gletscherbewegungen im Orgasmus aufgebaut ist. Wie habt ihr's bloß bis hierher geschafft ohne von den Marrakeschanern ins Ohr gebissen zu werden ... Magnolia, die ja sowieso nicht da war, antwortete: Liebe ist keine wahre Liebe ohne die Form von Wahnsinn, in der dann die Substanz der Frühlingsquellen von den Atlasbergen fließt - und das Schöpferische ist die Quelle - bloß sind im Herbst seine Launen verschieden - und so blieben wir ungebissen ... Ahhhhh, hier spricht die geborene Künstlerin und die wahrhaftig Liebende ... Hast du denn schon mal eine ungeborene Künstlerin gesehen ...

Aber trotz der belebten Begrüßung war die große Ehrerbietung, die Freude und der Stolz, der alle drei verwirrte, nicht zu übersehen.

Wieder wurde ihnen das allerbeste Zimmer zugeteilt. Das Zimmer hatte Ähnlichkeit mit Magnolias Fantasieraum, bloß das die großen Fenster zum Atlasfluss zeigten, der jetzt noch Wasser führte - aus dem Klänge wie der Wind aus New York oder Gemurmel, als ob er sein 2tes Gebiss verschluckt hätte - für den zu hören war der selbst schon mal ein Maikäfer sein wollte ...

Dicht am Haus floss er glänzend und lächelnd vorbei und entließ ganz selbstverständlich Kühle und Mücken. Gegen die Mücken wurde Weihrauch auf zwei Stück glühender Holzkohle gelegt.

Das ist Übrigens auch der Grund weshalb die katholische Kirche Weihrauch brauchte, denn damals beim Papst in Rom wimmelte es voller Mücken. Und der geweihte Rauch stieg auf einer unsichtbaren Strickleiter in konzentrischen Kreisen in die ziemlich unbewegte Luft des Zimmers nach oben. Ja, nach oben. Langsam. Denn es ist gegen den Willen des Schöpferischen delikate Kost schnell zu verschlingen - sich selbst nicht zu disziplinieren, mit den Menschen nicht in der Atmosphäre des Frühlings zu leben und zu beschreiben, dass Weihrauch schnell steigt.

Ahhhhh, Zarah, du bist immer noch die Gleiche ... , wie machst du das bloß ... Daraufhin antwortete Zarah der fetten Lotte, aber erst kurz nachdem sie ein Schlücklein von dem Feigenwein, dem Mutigen, genommen hatte. Von allen Dingen gefällt mir Freizeit am besten. Nämlich ich tue dann gar nichts. Freizeit unterstützt glänzend die Zeit zum Lesen und Tun, zum Reisen und Pflegen, um Freunde zu treffen, zum Trinken oder kontemplieren. Wie ich da sitze, auf Wolken schaue, denkend das ich denke und aber feststelle das gar nicht gedacht wurde und wo ist da größeres Vergnügen - denn in der Freizeit zu tun was einem gefällt. Dann lacht das Herz und juckt die Venus. Da springt die Sprache und aber auch der Körper - und das hält mich so Jung.

Hattest du das nicht gemeint.

Jaja, rief Magnolia, du bist immer noch die gleiche ...

Es muss noch erwähnt werden das obwohl alle drei Frauen

sehr schön waren und auch noch sind, bei ihnen keine Eifrige Sucht, die Eifersucht deswegen entstand, denn die Schönheit war zu individuell - und das ist nur einer der Vorteile der Individualität sich dessen bewusst zu sein, denn das ist zugleich ein Katalysator zur Entfernung von Schönheitsneidereien unter Menschen. Das Frauen süchtig sind ist sowieso klar. Da hilft auch unklares Geschrei und Verteidigung oder sonst welche intellektuellen Wutausbrüche nicht hinüber weg. Genauso mit Männern ... Menschen sind dagegen eifersuchtsfrei ... Aber um der Menschheit willen ist es wichtig auf der Schwelle relativen Bewusstseins zu bleiben - das hat schon meine Mutter gesagt - und auch Rama, Sanella und Krishna Ist das nicht fein ...

Zarah hieß eigentlich Bushraa, und Zarah war eine charmante humorvolle Berberdame. Alle Verhältnisse, alle Sorgen und Hoffnungen ihrer Gäste waren ihr vertraut. Sie kannte deren Familien bis in die entferntesten Zweige, die immer blühten und Früchte - solch süße trugen - und erkundigte sich mit wahrer Teilnahme und Takt, welches allen Berbern ja ein Hohes war, nach allem ...

Über den Besuch dieser beiden Dichterinnen war sie immer hoch erfreut. Es waren Frauen die durch ihre mehrmalige Wiedergeburt schon einige Mengen Hörner abgestoßen hatten und die meisten der üblichen Alltagssorgen nicht mehr an sich heran ließen. Hier strahlte die Lustigkeit einer gesunden Jugend aus gebändigten Temperamenten, hier gründete sich Zuverlässigkeit auf Weisheit und Schwarzarbeit und Einfalt ...

Bushraa lächelte glücklich ...

Plötzlich beim Gespräch bekam sie einen wehen Zug um

36

den Mund, der aber schon Laser angetrieben war und deshalb keinen Qualm in Ihren Augen puffte, sie konnte den Laserzug Jedoch entschieden mit einem Lächeln auf andere Gleise scheuchen ...

Zum Beispiel nach Bonn wo die Politiker nisten und die Hallen vollkacken - wie Schmutzfinken ...

Sie musste es ihnen sagen.

Euer lieber Männerfreund ist heute leider nicht anwesend. Dabei dachte Zarah zu sich, also wenn ich der Männerfreund wäre, wüsste ich auch warum die beiden Frauen jetzt so viel von mir verlangen würden.

Die beiden Dichterinnen hörten zu aber der Verstand war nicht dabei. Und so dauerte es etliche Sekunden dass das gefasste Lächeln der beiden leuchtete.

Er musste mit einigen anderen jungen Männern zu einem Club Mediterran, da dort eine Konvention europäischer Journalisten stattfand ... Aber dafür kann ich ihnen, sagte sie auf ein mal spooontaaaaan, Aztl Werther vorstellen, ohne zu wissen wovon sie sprach ...

Das Herz der beiden Frauen war aber doch noch am Bluten und das war Leben - und das wusste Bushraa ...

Magnolia, etwas dramatisch die Stirn wölbend, war momentan auch geistig umnebelt und da blühte eher Vergissmeinnicht im Hirn, als der Name Aztl Werther bei ihr Freude auslöste ... Sie war etwas dumpf geworden und die Lotte erwähnte Worte wie ehrvoll doch dieses Treffen mit den Journalisten für ihn sein würde ...

Aber dann sprach Zarah wie in Trance vorsichtig weiter: euren jungen Freund in allen Ehren, er ist ein gepflegter und von tadellosem Anstand geplagter Knilch, er ist hin und wieder auch ein vorlauter und kindischer Schreier, aber das wird sich geben. Im Übrigen ist er normal intelligent, nicht mehr und nicht weniger, sicherlich etwas extravagant und oberflächlich wie alle Berbermänner, aber die jungen Leute lieben das. Aber daraus entsteht dann das all zu leichte Akzeptieren der verkommenen Einflüsse anderer Länder und so weiter. Es wäre wohl übertrieben wollten mehrere sagen, er wäre der Einzige aber er sieht gut aus. Und das hat sich in der Politik und im Geschäftswesen bewiesen. Sowie in der Kriegsführung. Aber ihr Dichterinnen, ich habe jetzt intuitive Verbindung zur schöpferischen Gottheit Frühling und kann mir deshalb erlauben den dichtenden Damen eine Überraschung anzubieten, sozusagen ihre Unvoreingenommenheit zu prüfen - so wie Bungalow Bill von den Beatles geprüft wurde. Ja und wenn die Damen nichts dagegen einzuwenden haben, könne nun der Speisenzettel zusammengestellt werden. Wir haben extra Klebstoff dafür und die Buchstaben finden sie auf dem Boden verstreut. Also seien sie nicht scheu, sie kennen sich ja aus. Wo ist denn das Wort Gewürz geblieben, hat wohl keine Lust heute -oder. Na komm, komm, komm Gewürz, sei brav, lass dich auf's Papier kleben ... Und so waren die philosophierenden Dichterinnen dabei die Speisenkarte zusammenzustellen und in der Ferne sangen die Beatles mit Lennon - als Geist auf den grünen Hügeln, sie sangen While my Guitar gently weeps - und die Insekten wischten das Gras mit ihren Tränen ...

Zarah hatte die beiden nun verlassen ...

Und während die beiden nun die Journalisten verfluchten, sich von ihrem glücklichen Tag erzählten, sich gelangweilt eine Zigarette anzündeten, fing Magnolia auch noch an zu erzählen, Wie sie Ja als Philosophin eigentlich das größte Vergnügen im Alleinsein findet - also in Gott ...

Aber Gott ist auch nicht allein, er ist mit Allen. Also diese Philosophen und Dichter - das sind schon Knallköpfe. Durch die werden viele Menschen davon abgehalten selbständig zu denken und kreativ zu sein, insbesondere wenn einer nicht die Fähigkeit hat andere Sachen für sich zu verwerten ...

Magnolia erzählte weiter. Wie sie frühstückte, von der alten charmanten Perno bedient. Wie sie danach den Garten pflegte, was sie immer pflegt zu tun. Wie sie die Zitronenbäume besprühte. Den Sand auf den Wegen harkte. Wie sie liebevoll auf die Berge schaute. Wie sie sah wie zwei Störche am Himmel kreisten - und dabei fand, dass sie Alles liebe. Dann rief sie die Professorin Ketchup an, wenn es ihr Vergnügen bereiten würde möchte sie doch zu ihr kommen denn sie hat eine Kollektion alter Schätze ,dort zum Besichtigen. Sie wollte einige Sachen davon kaufen, aber am meisten lege sie Wert auf ihren Rat.

Magnolia trank noch etwas feigen Likör und fuhr fort aber nicht nach Bombay. Dort sitzt der Bagwaaaaahn und verscheucht alle weißen Wolken mit seinem neuesten Rollce, die sich illusionär aus den Tatsachen der Taschen, der Gebumsten, die von ihm gelegt wurde verkriechen. Und das ist Wahrheit in Schönheit zum optimalen Leben, das ist besser als Armeen, SS-20 oder Neutronenbomben oder sowie Trilliarden Prestige Weltkontrollepläne, die echter Größenwahn sind, denn die Erde hat einen Durchmesser von über 13tausend km und der Mensch ist durchschnittlich 170 klein. Ja, er hat sogar Angst vor Geistern und ist unfähig das ewige Leben zu sehen, er zittert vor Mathematik und betet die ooooh Pillen an. Er schwört auf Psychiater, die am abge-fucktesten sind und sucht Trost in Zerstörung und riesigen Materialumwälzungen ... und wann hat er die Erde alleine umgewälzt. Nie ... die alte Sonne Erde, die immer noch in-nerlich strahlt. Sie wird bald wieder anfangen zu Rülpsen und Furzen, so dass viel Wackeln und Stürme entstehen und eine neue Sintflut entstehen wird ... und das sind doch Abendteuer. .. Jaja, der Abend ist teuer.

Nun ist diese Frau Ketchup eine europäische Frau. Sie ist nicht immer eine erfreuliche Gesellschaft für den Sonntag einer fantasierenden Magnolia, Berberin, zumal - wie Immer man auch über die Blutmoral der Europäer denkt, denn sie sind wissbegierig, abenteuerlustig, so wie's der Gang der Ge-schichte gezeigt hat. Sie rotten mit Vorliebe andere Völker aus, denn auch die Amis sind Europäer. Sie können eben Vieles, was wir erst gar nicht lernen wollen, sie können aber auch Jenes, was wir noch lernen wollen, aber es fehlt ihnen Manches, das uns Berbern wichtig erscheint. Sie sind mir of-fen gestanden ein barbarisches Ärgernis und ein Gegenstand des Mitleids, denn ihre fetten Bäuche schleppen sie hier fast immer nackt umher - wenn sie doch wenigstens den Bauch einer schönen Kleopatra, Nofretete oder wie Karin Schorat hätten. Wir sind uns einig, ich glaube in diesem Gedanken, nicht wahr Latte ...Lotte....

Latte versicherte, dass das was sie nun sagte für 110.000 versichert wurde und die Gleichheit der Materie beweist. Sie aber, Magnolia die Süße, hob den umringten Fingerdaumen. Nun Schau Latte, bei der Frau Ketchup ist das anders, sie besitzt ohne Zweifel das was uns wertvoll ist - eine Form aus

Plastik für das Gefühl in welches ihre verkleidete Menschlichkeit und die Sterne passen - ein Maß für die Empfindung der Dinge die immer eine tiefere Bedeutung haben, aus Silberdraht angefertigt. Und so habe ich heute Morgen in dem Gedicht das ich geschrieben habe, das Vertraute - - - fremd geschrieben, obwohl der Leser anderes gelesen hatte - hahaha

Latte grinste etwas schäbig, als ob sie früher mal die Geliebte vom versoffenen Lustmolch Goethe gewesen wäre und grunzte dazu noch sachkundig: was, du hast ein Gedicht geschrieben ... du bist doch eine Dichterin und keine Schreiberin ... Aber Magnolia überhörte solch eine, mit Erkenntnis schwangere, Witzlosigkeit, die doch nur zum Zeitvertreib geäußert wurde ...

Die Frau Ketchup hatte Teppiche und Gemälde der besten marokkanischen Händler zur Auswahl. Wir betrachteten sehr lange ein schönes Blatt von Kahil Gibraltar, das wegen eines kleinen Fehlers im Handel erschwinglich war. Wie du weißt, war Kahil Gibraltar der große Magier der wüsten Wüstendynastie, die mit dem Erforschen der Transzendenz von Farben beschäftigt war und solch eine künstlerische Imperfektion erreichte, dass sie mehr als geniehaftig war, Sie war voller lebensfreudiger Genieheit - ohne die nüchterne Trockenheit, trotz der Trockenheit der Wüste ...

Wir diskutierten diesen Fehler eindringlich und mit Genauigkeit, denn es handelte sich um ein Blatt unbepinseltes Papier auf dem unglücklicherweise eine prähistorische Ameise mit eingewalzt wurde, aber schon die Unterschrift Kahil trug, welches auf die magische Transfusion dieses Magiers weist, denn er pinselte seine Gemälde indem er sich mit der Farbentranszendenz in innere Verbindung brachte und sie durch die Augen aus denen ja Energiestrahlen kommen welche gewöhnliche Menschen nicht sehen aber bemerken wenn sie von jemanden angeschaut werden, was aber unter einer 100%igen Prise Kokain sofort erkannt wird, auf das Papier projizierte, ohne Wasser und dergleichen primitiven Jetztzeit-Pinseleien ...

Das zeigt auch das die Entwicklung des Menschen, nicht wie angenommen, evolutionsmäßig aus Atomen in immer höhere Lebensstufen sich erweitert, sondern das es nämlich genauso entgegengesetzt verläuft - zurück zum Tier, zum Atom Wir Berber sind ja nebenbei auch noch nähere Verbindungen zu den Atlantiden, den Atlantern ...

Die Lotte schaute sachte zur Magnolia und rief dann wie ein Blaukehlchen, das zu viel Rotwein getrunken hat und jetzt vom vielen Schreien ein Rotkehlchen hat: weißt du, du brauchst einen berühmten Gehirnchirurgen der den verstörten Teil deiner Imagination aufsaugt, damit er letztendlich vollgesaugt von verstörten Imaginationen, Selbstmord, aber gesellschaftlich akzeptierten, begehen kann.

Ach höre auf, ich rede hier für dieses Buch meine Lippen rot und prall, die oberen sowie die vertikalen, was willst du eigentlich, wir brauchen doch Wirklichkeit und keine Irre, Lotte.

Ich bin nicht die irre Lotte, rief sie schon am Daumen lutschend aus, schon gut ... , schon gut. Jedenfalls noch mehr Freude bereitete uns ein Teppich aus Fez, im Stil der Tizn-Labda. Sein Design war von solch einer Farbenpotenz, obwohl's ja nicht mit Lingham zu tun hatte, aber am Feinsten war seine Naivität, was echt belustigend war.

Und so wanderten wir in Begeisterung durch die Jahrhunderte, obwohl es ja schon vor Millionen Jahren Nägel gegeben haben soll. Und alles war uns gegenwärtig wie heute dieser Tag - jetzt, so dass ich daraufhin schrieb: das Nahe,,,,,, fern ...
Unsere Gedanken die in den Händen des Schöpferischen warten waren sich einig. Das Nördliche gab sich dem Südlichen kund. Und umgekehrt, sprach der Norden in seinem Kauderwelsch zum Süden. Es war ein lebendiges Tauschen und Handeln von Meinungen. Offenheit und Änderungsfähigkeit leuchtete auch. Es schien als ob das Geld noch nicht erfunden wäre ...
Irgendwann kamen wir einen Schritt näher auf dem globalen Feld der Abbauung von Blockaden und Grenzen. Da war die gesamte Menschheit wieder in Sicht, als ob das die Bedeutung einer göttlichen Erfüllung des Irdischen wäre ... Zur Zeit schon näher, zurzeit aber auch am Entferntesten.
Magnolia reichte Latte das Gedicht und jene las es als ob frischer Regen auf Saharaboden im Hochsommer fallen würde ... Also, dazu kann ich dir nur gratulieren, was für ein schöner Tageszustand das für dich gewesen sein muss, - nochmals herzlichen Glückwunsch zum Geburtstag

Aber es ist rau und plump, wendete Magnolia ein.
Nein, brilliant und ganz, widersprach die Freundin. Du bist eine Dichterin, Keine falsche Bescheidenheit ... Ehhhm, beinahe hätte ich - keine falsche Beschneidung - gesagt ...
Die beiden waren nun in einem, großen Crescendo und spiralförmigen Abheben gegenseitiger Komplimente versunken und währenddessen wurde in der Astrobrauerei der letzte Tropfen aus dem großen Dasein genommen und

durch die Götterwelt in die Geisterwelt und Seelenwelt geleitet und dann in die Astralwelt, wo die Flüssigkeit dann ins Schwarze Loch Nr. 8 implodierte und von dem ins Schwarze Loch Cygnus x 1, welches nur Achttausend Lichtjahre von der Erde entfernt ist, direkt neben Stern HDE 226868. Und da diese Brauereiprozedur eine SpezialJubiläumsBrauerei-Tat war hatte der Große der in Allem ist, diesmal das starke Gravitationsfeld der Schwarzen Löcher aufgehoben - das sogar so stark war, Licht nicht auf die Reise flitzen zu lassen. Und außerdem, da ein Schwarzes Loch üblicherweise eine solide Masse ist, hatte das Schöpferische auch noch seinem Lieblings-Zeroid Schatzi zugeflüstert, schnell noch ein Loch in HDE 226868 zu pusten, damit die Veredelung nicht auf dem Schwarzen Loch kleben blieb, sondern auf der anderen Seite wieder herauskommt um auf der Erde seinen Platz zu finden ... Zeroid Schatzi hatte sich darüber gefreut, denn in der Nähe des Schwarzen Loches gab's besonders leckere Sonnenstrahlen - geröstete ...

Und die Menschen Wunschdenken sich in ihrem Großkleinwahn als die Chefs der Natur, - wah, n Zeroid knabbert geröstete Sonnenstrahlen. Und Wissenschaftler spinnen von der Beherrschung der Naturgesetze. Dabei ist die Natur zugleich auch Gott und die Menschen reden von der Befreiung von der Natur. Dabei braucht die Natur nur mal zu gähnen oder zu furzen - und schon ist jegliche Spinnerei in Bruch und Dallas versunken. Es gibt doch wohl nichts Unehrfürchtigeres als den Menschen - und die Menschen plappern davon die Natur zu beherrschen - ist der Mensch nicht echt blöde - was überhaupt beherrschen zu wollen. Warum will er nicht lieber Freund sein, warum nicht Bindeglied, Vermitt-

44

ler, Teilhaber - aber beherrschen, niemals. Der Mensch weiß ja noch nicht mal was Atome sind, geschweige denn weiß er noch das - Alles - Leben ist und er immer unbedachter damit umgeht, denn er ist im ewigen Leben - und warum so blind - weil die Begriffe und Worte immer unbelebter im ewigen Leben werden. Sie formen die Sicht mit der er die Welt sieht, misst denkt und befühlt. Jedes Wort ist zugleich verstofflichtes Gefühl - und jeder komplette Gedanke solideres Leben, das wiederum Schwingungen auf seinen Körper übermittelt und so seinen Körper mit formt - und der Mensch meint er sei im Besitz der Naturkräfte - es wird ewig umgekehrt sein Das sind die Größenverhältnisse ... Das ist so   .

So ist die Natur die wir nicht geschaffen haben, sondern die uns leben lässt. Und nur wenn weiterhin Bomben gebaut werden, die Atmosphäre verseucht wird, Korrupte blühen, wenn ganz einfach das nicht Lebensfördernde überwiegt - kippt sie um und landet mit einem einzigen Haarzipfel auf uns ... Und das tut weh ...
Um so größer die Menschenmacht auf der Erde - um so größer der Menschenschmerz. Um so größer die Kooperation mit der Fusion zur friedlichen Entfaltung des Schöpferischen um so unendlicher die Unbeschreiblichkeit der befreienden und tiefen glücklichen Entwicklungen ...
Jedenfalls winkte der Zeroid dem nun schon geformten Aztl Werther nach, als dieser mit einem Ufo, einem Feuerball-Ufo, gen Richtung Erde sauste. Der Lama Govinda hatte auch mal Feuerbälle gesehen und hier ist seine Beschreibung davon: „Am Tag meiner Abreise von Gantok hatte der Maharadscha einen frühen Lunch auf der Veranda seines Palastes

45

und ich war höchst erfreut zu sehen das der Tisch nur für uns beide gedeckt war, und das ich auf diese Weise Gelegenheit haben würde mit ihm ungestört über religiöse Fragen zu sprechen. Es war ein herrlicher Tag und während wir über Täler und Berge blickten, die sich vor uns in blendender Schönheit ausbreiteten, wies ich auf eine entfernte Bergkette hin, wo ich während der vorhergehenden Nacht hell strahlende Lichter, die sich in großer Geschwindigkeit fortbewegten, beobachtet hatte, während ich auf der Veranda von Dilkuscha dem Bungalow der Maharani saß. Ich hatte keine Ahnung, dass es in jenen Bergen eine Autostraße gibt, sagte ich. Oder wird dort eine neue Straße gebaut. Der Maharadscha sah mich erstaunt an. Wie kommen sie zu dieser Idee, es gibt dort keinerlei Straßen und es liegt auch kein Plan vor dort eine Straße zu bauen. Die einzige, von Autos befahrbare, Straße meines Landes ist die, auf der sie vom Tista-Tal hierher kamen ... Ich beschrieb daraufhin die schnell sich bewegenden Lichter, die ich über die erwähnte Bergkette gleiten sah, und die ich, ihrer Stärke und Geschwindigkeit wegen, für Scheinwerfer von Autos gehalten hatte. Der Maharadscha lächelte und sagte dann mit geheimnisvoll gesenkter Stimme: Viele seltsame Dinge geschehen hier und ich spreche über sie im Allgemeinen nicht mit Besuchern, denn sie würden mich nur für abergläubisch halten. Aber da sie die Lichterscheinungen mit eigenen Augen gesehen haben kann ich ihnen sagen, dass sie keinen menschlichen Ursprung haben. Sie bewegen sich über die aller schwierigsten Bodenverhältnisse mit solcher Leichtigkeit und Schnelle, wie sie kein menschliches Wesen erreichen könnte. Augenscheinlich schweben sie in der Luft. Niemand war bisher imstande ihre wahre Natur zu erklären

46

und ich selbst weiß sie nicht zu deuten. Die Leute meines Landes halten sie für eine Art von Geistern. Wie dem auch sei, es ist eine Tatsache, dass ich sie durch die Anlagen meiner Residenz kommen gesehen habe. Sie bewegen sich auf die Stelle zu, an der jetzt der Tempel steht. Dies war immer ein geheiligter Ort und wie man sagt war früher hier ein Verbrennungsplatz oder eine Begräbnisstätte ..

Da ich fühlte das der Maharadscha an Dinge gerührt hatte, die ihm mehr bedeuten, als er zuzugeben bereit war, drängte ich ihn nicht weiter und beschränkte mich darauf ihm zu versichern, dass ich weit entfernt davon bin, populäre Glaubensformen zu belächeln, sie im Gegenteil als einen Versuch respektierte, den vielen unerklärlichen Phänomenen die uns umgeben, eine höhere Bedeutung zu geben, anstatt in ihnen nur sinnlose mechanische Prozesse zu sehen, die völlig beziehungslos zu allem beseelten Leben ablaufen. Warum sollten physikalische Gesetze als Antithese des bewussten Lebens betrachtet werden, wenn unsere eigene Körperlichkeit sich doch als Zusammenwirken geistiger und physikalischer Kräfte, von Materie und Geist, von Naturgesetz und individueller Freiheit erweist. Unser Bewusstsein macht von den elektrischen Strömen des Nervensystems und des Gehirns Gebrauch. Gedanken senden Schwingungen aus, die denen eines Radiosenders ähneln und über weite Entfernungen von sensitiven Organismen empfangen werden und registriert werden können.

Wissen wir wirklich was Elektrizität ist. Trotz unserer Kenntnis der Gesetze, nach denen Elektrizität wirkt und unserer Fähigkeit hiervon für unsere begrenzten Zwecke Gebrauch zu machen, wissen wir nichts über den Ursprung - oder die wirkliche Natur dieser Kraft, die sich schließlich als Quelle allen Lebens, allen Lichtes und allen Bewusstseins herausstellen mag: als göttlicher Atem - der alles durchdringt und bewegt, gestaltet und verwandelt. Hier liegt das letzte Mysterium der Protonen, Neutronen und Elektronen, der modernen Wissenschaft. Der menschliche Intellekt steht im Grunde ebenso hilflos gegenüber, wie der primitive Urwaldbewohner dem Wirken der Natur. Wir haben bestimmt keine Ursache auf den animistischen Glauben der primitiven Menschen herabzublicken, der im Grunde nur das ausdrückt, was die Dichter aller Zeiten empfunden haben - dass die Natur kein toter Mechanismus ist, sondern pulsierendes Leben, das in unseren Gedanken, Gesichtern und Gemütsbewegungen zum Ausdruck kommt ...

Das Phänomen der schwebenden Lichter ist auch auf dem heiligen Berg Wu Tai Sh in China beobachtet worden. Dieser Berg ist in Tibet unter dem Namen Ri-Bo-Rtse-Lnga - der Fünfgipfelberg - bekannt und ist die Verkörperung transzendenter Weisheit, dem Dhyani Bodhisattva Manjusri geweiht. Auf dem südlichen Gipfel dieses Berges steht ein Turm, von dem die vielen Pilger einen ungehinderten Ausblick genießen können. Der Turm ist Jedoch nicht zur Betrachtung der Landschaft gebaut worden, sondern um den Pilgern Gelegenheit zu geben eine seltsame Erscheinung zu beobachten, die von vielen für eine Manifestation des Bodhisattva selbst gehalten wird ...

Eine anschauliche Beschreibung diese Phänomens wird uns durch John Blofeld vermittelt, der sich viele Monate auf dem heiligen Berg aufhielt. In seinem Buch - Das Rad des Lebens- schreibt er: Wir erreichten den höchsten Tempel am

Spätnachmittag und schauten mit Interesse zu einem kleinen Tempel empor, der auf der obersten Spitze, etwa einhundert Fuß über uns stand. Einer der Mönche lenkte unsere besondere Aufmerksamkeit auf den Umstand, dass man von den Fenstern dieses Turmes Meile auf Meile in die Runde - in den leeren Raum blicken könne ...

Kurz nach Mitternacht trat der Mönch mit einer Laterne in unseren Schlafraum und rief: der Bodhisattva ist erschienen. Der Anstieg zur Tür des Turmes dauerte weniger als eine Minute. Als wir nacheinander den kleinen Raum betraten und uns dem gegenüberliegenden Fenster näherten, entfuhr jedem von uns ein Ausruf der Verwunderung, denn alle unsere Mutmaßungen und Erwartungen hatten uns nicht auf das vorbereitet, was wir jetzt zu sehen bekamen. Dort, in jenen großen offenen Räumen, unterhalb des Fensters, schätzungsweise nicht mehr als ein- oder zweihundert Meter entfernt, schwebten zahllose Feuerkugeln majestätisch vorüber. Ihre Größe konnten wir nicht abschätzen, denn niemand wusste wie weit weg sie waren. Woher sie kamen, was sie waren und wohin sie gingen - nachdem sie gegen Westen aus dem Blickfeld entschwunden waren, konnte niemand sagen. Flaumige Bälle von orange getöntem Feuer, die sich durch den Raum bewegten, ohne Eile und majestätisch - wahrhaftig, eine angemessene Manifestation der Gottheit".

Ende der Beschreibung aus Lama Govindas Buch Der Weg der weißen Wolken. Was mich bei der Beschreibung Blofelds etwas merkwürdig stimmte, ist seine Beschrelbungsfähigkeit: erst sind die Feuerbälle hundert bis zweihundert Meter entfernt - und dann kann keiner die Größe der Bälle beschreiben ...denn der Niemand wusste wie weit weg sie waren !

Naja, der Aztl wartet schon wieder ...

Kurz bevor der Aztl den Mond erreichte, rief der Zeroid noch, die Menschen entwickeln eine neue Philosophie, die schon seit Ewigkeit existiert. Sie werden von der Erde entfernt leben wollen, weil sie jene zu sehr verpesten und auf dem Weg von der Erde sehen sie sich lieber als Kontrolleure der Naturgesetze, anstatt als die Opfer, die Kontrollierten zu sein. Aber wie schon damals, als die Atlanter eine noch weiterentwickelte Naturdurchblickheit entwickelt haben, sieht es jetzt auch so aus, als ob sie sich verseuchen würden. Wenn du den Mond sehen wirst, wirst du eine Idee bekommen wie's auf der Erde mal aussehen könnte. Und dabei war der Mond mal genauso ein belebter Garten wie die Erde. Aber auch er wurde ausgesaugt und abgegrast, ohne daran zu denken, dass jede Daseinsform Leben ist, ob Stein, Atom, Erze oder Wasser, Wolken, Berge, Kontinente oder die Erde selbst mit der Sonne, den Gestirnen, der Milchstraße, den Galaxien und Universen, alle sind ineinander gewobene Lebensformen mit Wahrnehmung, Bewegung und einer Ausstrahlung ...

Und dich - Aztl Werther - sieh dich selbst als ein Galaxianer aus der Milchweg - Galaxie ...

Aber um die Tatsache gleich vorweg zu nehmen, auch wenn er ein Galaxianer ist, besagt das noch lange nicht, dass die Werte dieses Werthers mit denen der Erdlinge auf gleicher Qualität beruhen.

Womöglich ist er auch noch kannibalisch, hat aber doch direkte Verbindung zur technologischen Suprakultur. .. Oder in seinem Hirn schwirren totalitärische Formationen, wogegen die Erdlinge im Herzen doch freiheitlich strukturiert sind. Und vor allen Dingen muss gleich erwähnt werden, dass die möglichen Lebensstandards bei weitem noch keine Basis sind, dem Erdmenschen seine Werte dadurch zu bewerten. Denn wie wir ja alle wissen, ist eine mehr entwickelte Wissen-schaftsTechnologische-ScheinDemokratie bei weitem auch noch nicht das Überragendste, denn es bedeutet doch nur, dass eben jenes am weitesten entwickelt wurde .

Worauf schließlich geantwortet werden kann, dass zum Beispiel Frieden im Inneren nicht auf mechanische Entdeckungen oder der Ansammlung von Panzern, Raketen, Autos oder Kameras, Stereos beruht, cause the Mind is not Steel or a Rocketpulsation, neither, ehhhm - ich fange schon wieder an englisch zu denken - also, denn alle Erarbeitungen kommen aus der inneren Ruhe, auch die unruhigen, ahhh - ich treibe jetzt von der Außenwelt zur Innenwelt ...

Es gibt einen schönen Spruch: Fließendes Wasser stinkt nicht und ein Türscharnier, das andauernd benutzt wird, rostet nicht ...

Wie natürlich erkannt wird, war das ein Sprüchlein von damals, denn heutzutage finden wir kaum noch fließendes Wasser, das nicht schon von Menschen verseucht wurde. Und die Bedeutung, dass die kontinuierliche Bewegung Leben erhält, hat also nur Bedeutung in dem Sinne, das der Mensch, das was fließt nicht durchtränkt mit seinen Giften, denn dann nutzt die größte Beschäftigung und die beste Erfindung gar nichts mehr - außer sich noch schneller zu verseuchen. Mencius hatte mal gesagt, wie kann die Natur wunderschön bleiben, wenn an ihr andauernd herumgehackt wird, so wie andauernd Bäume abgeholzt werden oder usw. - Glücklicherweise pflanzen einige Länder schon seit längerem Bäume an, aber die sind meistens eine Art von Sumpfgewächs, die schnell wachsen sollen, damit auch schnell abgeholzt werden kann, - also, es ist an der Zeit, dass nun schnell-wachsende 1OOO-jährige Eichen entwickelt werden ...

Jaja, Beruhigung wird nicht in materiellen Konditionen gefunden, sondern im Geist, in dir selbst, du der Geist ... huhuhu ... Und wenn der nicht genügend ausgeruht ist, wie der vom Träumer Wolf Zebra, der andauernd denkt und auch wie sooon Herumhacker in sich lebt und noch nicht einmal nachts beim Schlafen inaktiv ist, sondern chaotisch träumt, dann sehe ich hell- schwarz für diesen, der ja mal eine Vision hatte. Denn über kurz oder lang wird er in ein Tier generieren, auch wenn er die Taschen voller Geld hätte, ein egobesessenes ... und die Menschen, die ihn dann sehen, meinen nicht zu Unrecht, er wäre ein wilder Rockmusiker, der andauernd seinen Pimmel raushängen lässt, auf dem er versucht das verlorene Boogysolo wiederzubeleben. Und das kein echter Charakter in ihm ist. Und das ist die wahre Natur des Menschen ...

So, und der Aztl Werther landete kurz auf dem Mond, wo die Ufos eine Tankstelle haben. Dort wurde von Androids Feuer aufgetankt. Warum lebt ihr auf der Dark Side of the Mond, fragte Aztl den lila funkelnden Android. Weil Pink Floyd uns hier hergesungen hat man ... hörst du denn keine UrkosmosMusik man, wer bist du, man ...

Hey man, welche Route fliegt ihr zur Erde, kaute der Android vor sich hin, gut vorprogrammiert, aber dennoch nicht genügend ...

Wir fliegen um den Van, um Van Allen nicht zu begegnen, durch den Arktispolkanal.. .

Na dann viel Spaß ...

Ja, Polarwüste hoch Sex hat schon Landeerlaubnis gesendet, nachdem sie mich abgestrahlt haben ...

Und das glaubst du, werden die Ufonanten tun. Du bist vielleicht einer. Auch wenn du eine Wiederverkörperung bist, ist dein Glauben aber stark ...

Jaja, mach schneller und fülle das Feuer auf.

Auch wenn du sagst, dass ich glaube, auch wenn du deutest mit deinem wissenschaftlichen VollgeladenSein, dass nur sogenannte Positive geprüft, abgewogen, ausgerechnet, hat den Weg zur Einsicht und zur Wahrheit, die sowieso aus der Vergangenheit ewig ist, auch wenn sie sich äußerlich ändert, vergisst du - Androidchen - doch, dass Glauben ein viel gewisseres Gewissen ist als Wissen, denn der Glaube gilt nur für die Existenz Gottes oder dessen was alles geschafft hat - und die Sonne, die Galaxen und das Wasser ist nun mal geschaffen worden, nämlich vom größten Wissenschaftler, Gärtner, Musiker usw. - aller Zelten - und wenn dieses verneint wird, wird auch jede Kulturzivilisation abgewürgt werden. Denn vergiss nicht, ich bin aus Goethe geschaffen und der war ja auf Hochtouren und hatte den Draht zum Schöpferischen, mehr als viele von euch Androidche, ihr Plastikgeripppe, ihr Tölpel. ..

Was ist ein Tölpel. ..

Ehhhm, ein Tölpel ist einer, der auch als Arschloch bezeichnet werden kann. Und ein Arschloch ist das woraus die Kacke kommt, die du ja nicht hasst - also vergebe ich dir diese dumme Frage ...

Aber ein Arschloch ist eigentlich sehr nützlich. Nämlich sonst würden die Lebewesen aus dem Mund koitieren, Ohren oder anderen Poren. Somit ist ein Arschloch in Wirklichkeit sehr zutiefst nützlich. Also hebt sich dieses Kraftschimpfwort von selbst auf und verliert die schmutzige Bedeutung. Und wieder wird gezeigt, dass alles zutiefst kooperiert und nützlich ist ...

Der Tank ist voll, ihr brennt wieder, gut Feuer ...

Und zooommhhh flogen sie davon, mit Blisk 4 als Zuschauer. Und so landete Aztl Werther, ein Sprössling der Mu- Gemeinschaft, in einem Ufo auf dem Marktplatz EI Djen in Marrakesch.

Später in der Chronologie der Marrakeschaner wird dieses Ereignis als Erscheinung von Erdmenschen, die im Space-Shuttle hier landeten, niedergeschrieben - in feiner arabischer geschwungener Schrift. Und ansonsten war's für die Anwesenden ein Tag wie jeder andere auch. Weil ja die allermeisten, durch Hunger gedrängt, ihr Leben lebten, den sogenannten Touristen eine bunte Show zu bieten, um von ihnen dafür die Dirhams zu bekommen. Außerdem war dieses Gar-nicht- besonders- daran-Teil-nehmen auch ein klares Zeichen, das dort auf dem Platz andauernd - ohh, Wunder und Magie - abläuft, mit einer Selbstverständlichkeit, dass Ufos - brennende - fast gar nicht mehr so auffallen. Wer weiß wie viele Ufoer denn bloß schon auf dem Globus ihren Stepptanz tanzen.

Der Aztl leuchtete noch eine Weile extra stark und dann ging er von Bettlern umringt, er selbst galantrisch galaktisch schon, zielbewusst auf das Haus an den Atlasbergen zu. Da er aber die Schwerkraft, dank der Erkenntnis des Naturgesetzes, aufheben konnte, in seiner rechten Hand und mit ihr, indem er völlig vibrationslos wurde und dann durch Bewusstsein die Ursubstanzen, Liebeswillen und Wahrheitserkenntnisse vereinte, entstanden Supra-hochfrequenzschwingungen, die ihn zuerst leicht und dann sogar unsichtbar für's Auge machten und er sich mit großer Leichtigkeit auf der Erde bewegte und auch schon an die Tür zum Hause der Frau Zarah klopfte, die ihn dann auch, als ob sie ihn schon ewig kenne, empfing und sofort in ihr Zimmer brachte ...

Sie musste den Aztl aber schnellstens alleine lassen, denn die Magd rief, dass das Essen für Magnolia und Lotte fertig zum Schlemmern sei. Der Aztl stand da ..

Wieder bei den Dichterinnen würzte sie das Mahl mit humoristischen Neuigkeiten aus der Berbergesellschaft so, dass Lotte und Magnolia beim Essen sehr humorvoll schmatzten

Dann verließ Zarah den Raum unter 1000undEiner Entschuldigung begraben und sich selbst nicht mehr erkennend, sondern nur mit dem Song Dragon Attacke von Queen schaffte sie es, sich frei zu machen ...

Wieder Aztl Werther sehend, mit seinem jungen Gesicht, der betont einfach aber mit allerbestem Geschmack gekleidet war, seufzte sie tief. Er trug nämlich einen durchsichtigen Seidenanzug.

Der Anzug ist gut, die Frisur ist fein, ja, galaktisch mit der schwarzen Locke im sonst Holsteinermorgenduft-Silberhaaaar. Aztl, mein Kindchen, sagte sie, es ist äußerlich an dir nichts auszusetzen - und das ist viel. Gebe Gott einen Kuss, dass dein Geist ebenso diszipliniert ist - sei. Deine Mutter Shakti ist meine Schwester. Darum habe ich für dich denselben Ehrgeiz. Den du ja wohl haben musst, wenn du es zu etwas bringen willst. Und es lässt sich nicht so leicht zu etwas bringen, weil du immer Gitarre spielst und total abgefahren nur dein Ding tust, man, verstehste, ick bin außa mia.

Aztl verstand Platt und Rechteckig, auch Rund und Oval. Die beiden Damen da im Esszimmer sind meine besten und vorzüglichsten Gäste. Sie sind so anspruchsvoll, wie selbstmörderisch anspruchslos. Es ist leicht und schwer ihnen zu gefallen. Schwer, weil Sie auf einen lieben Männerfreund eingeschworen sind und in ihn vernarrt sind. Und das ist leicht, weil sie Dichterinnen sind und darum den Kindern gleich sind und sogar der Schmeichelei zugänglich sind. Merk dir das gut. Bitte bekomme nicht sofort eine Erektion. Jetzt nicht, die vielen Mücken sind geil auf warmes Blut, diese Weibchenmücken, sie lieben Blut in Wallungen ... Ehhhm, ja okay ...

Und noch eins, bei den Dichterinnen wirst du vor einer Mauer der Vorurteile stehen und dumm glotzen, denn die Mauer sind Worte - du wirst dir den Kopf stoßen ... Nein, nein nicht den ...

Ja, den ...

Versuche sie auf der Feuerleiter der Geduld zu übersteigen ... Bei den Männern in der Altstadt da klappt sowas, habe ich gehört. Kämpfe mit guter Laune und mit Gleichmut um jede feurige Sprosse aus Aluminium.

Du sollst, da du nun schon mal wiedergeboren bist, ausstechen ohne Messer - und zwar in diesen Jungen, in den sie vernarrt sind. Denn er passt ja sowieso nicht in mein Haus, er ist nur vier Zentimeter lang. Denn dieses ist ein ruhiges Haus kein Orgiensaal ,oder Samengrünhaus, dieses ist ein Spieß- Haus, eine Spießerbräterei ... Und die Damen der Dichtung passen hier vorzüglich hinein ... , denn meine Dichterinnen sind blind wie Maul-würfe - in Bezug auf das Bewusstsein.

Was bei ihrem jungen Freund Frechheit und moderntuende Affektiertheit ist, das halten sie für Jugend und Naivität. Unfähig zu erkennen, dass ihr Freund sich einen Dreck um wahre Werte kümmert, und er auch gar nicht daran interessiert ist, seine Rock'n Roll-Mentalität zu kultivieren. Auch ich kann Jünglinge, die auf ihr kurz geschnittenes Haar diese lila Perücken mit schulterlangem Haar stülpen, nicht leiden. Aber du Aztl hast schönes langes Haar. Es ist möglich, dass zur späten Klock sich eine Strähne lösen könnte. Du musst sie sogleich wieder in Ordnung bringen und wohlbemerkt, entschuldigst dich, damit die beiden überhaupt auf dein Haar aufmerksam werden. Vielleicht kannst du dann wie selbstverständlich einflechten, dass er eine Perücke trug. Du weißt ja, Aztl Werther, der Galaktische, ich habe eine sehr hohe Meinung von deinem Tuuun und Getaaaneem. Ich und deine Mutter haben auch dasselbe getan. Doch sie hatte das Glück einen Berberprinzen zu heiraten. Aber was bedeutet das gegen das Unglück, den Mann so bald wieder zu verlieren. Denke darum mehr an deine Arbeit, als an deine Ehe. Denn die Magnolia ist, woooowh, sie ist alles was die Fantasie in sich hat. Du bist der Künstler des guten Tons, du kennst die Mathematik der Musik im Unterleib und die Reinigungskraft der Töne im Oberleib. Du bist der Verbinder des Dichtensundnaturforschens sowie die Möglichkeit den Menschen zu erklären, dass Politiker erst Poeten, anerkannte, gewesen sein müssen, bevor sie in der nationalen Sowie internationalen Sphäre sich anfangen zu bewähren. Aber am wichtigsten ist ja, dass du die Fähigkeit hast, die Eigenart der Menschen zu erkennen. Beherzige darum was ich dir in den vielen Stunden des kommunikativen Träumens darüber sagte. Das übrige lehrt dich die Erfahrung ... und nun komm, die beiden warten schon.

Aztl Werther, normale breite Schultern, circa 120, mit feinem klaren Gesicht, in dem viel Segeln, Träumen und Offenheit lag und viel Freude - hatte der Frau Zarah, ohne sie anzuschauen, zugehört. Nun stand er auf, wie ein Hauch, leicht, fast schwebend und folgte der Frau Zarah, welche nun seine Tante war. Ja, so einfach ist das. Jeder kann deine Tante sein und jeder dein Onkel.
Es wurde vorgestellt, wobei Magnolia eine besondere tiefe Empfindung hatte, dennoch blieben beide Frauen kühl und höflich, geschweige plötzlich ...

Aztls innere Erregung sah man gar nicht - oder er hatte gar keine - so von außen betrachtet, ohne Stereoskop. Auch atmete er nicht mühsam. Weder noch hatte er nervöse Lippenzuckungen oder Augenliderneurose. Er hatte auch keine sichtbare Altprimel. Er war sicherlich sozusagen voll da ...
Seine Hände waren nicht wie Lilienblätter, sondern mehr wie die Hände eines großen Liebhabers, der nicht nur Frauen liebt, denn einer der Frauen liebt, ist nicht gleich ein großer unbedingter Frauenliebhaber. Sein Ding muss schon dabei sein. Das ist so ähnlich, wie wunderschöne Frauen, die ein tragisches Leben führen - direkt vor sich her - an der Hundeleine - aber - nicht alle Frauen, die ein tragisches Leben an der Hundeleine führen, sind wunderschön ...

Die beiden Frauen musterten Aztl unauffällig, aber mit einigem Abstand, voll eigensinniger Treue zu diesem netten Freund, der ja eigentlich gar nicht so nett war ...
Zarah schlug mit einem Holzstab gegen die bronzene Glocke

und sofort kam die Magd, einäugig und mit roter Zigarre im Ohr, wahrscheinlich hatte Sie Pläne, um den Tisch abzuräumen ...

Die Dichterinnen aber hatten nur errötete Gesichter vom gut gewürzten Essen und dem mutigen Feigenlikör, den die Berberinnen des Öfteren Magneticusvesuvus nannten ...

Sie fingen nun an Lebhafter denn je zu reden, über die internsten Themen ihrer Innenwelt, wie Dichterinnen, die sich kreativ betätigen, keine elitären Züge oder egoistischen Superschiffe III ihrer Arbeit zeigen dürfen - oder haben sollten, damit nicht die wahre Quelle der Kreativität aus den Augen, Sinn - Gedächtnis verlorengeht. Sie haben nach den Symbolen, Rhythmen und Mustern, welche die Menschheit seit, zu, allen Zeiten inspiriert haben, zu suchen, flüsterte Lottchen, um sie zum Bestandteil ihrer Arbeit zu machen. Wir Dichterinnen sollten uns ernsthaft darum bemühen, die Menschen mit ihrer Wirklichkeit zu versöhnen ...

Und zu vertöchtern ... , meinte Magnolia nun heißer. Aber wenn der dichtende Mensch selbst noch in der Zerrissenheit mit der Umgebung ist, mit der Kultur, den politischen und religiösen Ritualen, dann soll er zuerst sein Eigeninteresse erfüllen. Naja, jedenfalls knabberten die beiden nun an solchen Gesprächen ...

Und in der Ferne surrte Hendrix mit Third Stone from the Sun-Und die Marokkaner liebten es sehr. Doch einer rief May this be Love und Hendrix lächelte sanft ....

Und dann kam Moses im Cadilak, er fragte Hendrix, hey man,warum kamst du zurück ... Doch der Aztl, der hörte zu, voll geladen mit dem goetheschen Wissen, angereichert mit dem Bewusstsein seiner Wiedergeburt, den Zweck der

Vergangenheit bis hin zur höchsten Vollkommenheit zu bringen. Ab und zu reichte er den Gästen etwas mehr Likör, wischte vornehm und ohne gekünstelte Gabe den Tisch von den Tropfen sauber . Doch das Lachen verkniff er sich nicht, trotz seiner 26 Jahre, wenn Magnolia witzelte oder Lottchen derben Humos fabrizierte. Aztl wartete, wissend, dass er dieser Lotte da morgens ,damals, ich werde sie sehen, zugerufen hatte, als er ermuntert und mit aller Heiterkeit der schönen Sonne entgegen blickte, doch sie nun, sie war über die Jahrhunderte konserviert in Ameisensäure, aber ihre Erinnerung von der Zeit, sie war in schwarzes Wachs getaucht.

Dieser Aztl wartete nun auch darauf, ganz allmählich über allgemeine Dinge ins Gespräch gezogen zu werden, um dann in den Kampf der Zarah und damit in den Kampf gegen den flotten Jüngling, in den Kampf um die eigene Behauptung, so meinte die Zarah, einzutauchen.....

Ganz plötzlich und unerwartet und ziemlich konzentriert kam's dann über ihn.

Magnolia nahm ihr Gedicht vom Tisch und reichte es Aztl herüber. Der Tante lief ein Schauer auf Rollschuhen über den Rücken. Wohl konnte Aztl lesen und schreiben, aber ob er die Sprache der Dichterinnen verstand, das war doch fraglich.

Aztls Hand zitterte ein wenig als er das Gedicht dann vor sich hielt und ohne zusammengezogener Stirn las er und wusste er, dass es sein Gedicht war, das er damals geschrieben hatte. Er wusste auch, dass gewisse Formen und Taten und überhaupt Wiederholungen im Universum mit der Erde, periodisch immer wieder genau das gleiche zum Vorschein brachten - und er gratulierte der Natur dazu ... Dann formte sich eine spannende Falte auf Aztls Gesicht, die von der Zarah mit Wohlwollen betrachtet wurde, denn es machte ihn noch reizvoller, weil's eine Art von innerer Belustigung widerspiegelte. Und nur Aztl wusste warum ...

Auch Magnolia bemerkte es und hatte wieder dieses starke sinnliche Gefühl und ihr war so, als ob die klaren Gewässer der Atlasbäche ihre Farben von den Bergen borgten und guter Likör wunderschöne Gedichte produzierte, bloß hatte der Likör Schwierigkeiten den Schreibstift zu halten, aber ansonsten war die Substanz vom Geist darin, aber dieser Aztl Werther, er war etwas Besonderes, das spürte sie ... Sollte er vielleicht genau das exakt ergänzende Gegenteil - eine Ergänzung - zu ihrem Wesen sein - das doch für jeden Menschen auf der Erde anwesend ist - auch wenn erst in mehreren Wiedergeburten ...

Dann öffnete sich der Mund des Aztl und heraus sprudelte die ganze Pracht, Silbe um Silbe mit einer klingenden Stimme, die die Anwesenden in eine seichte Art von Trance wiegte, wo ab und zu lautes Kichern zu hören war. Als er zu Ende gelesen hatte, sah er Magnolia voll an ... Ja, ja bitte, wollen sie es noch einmal lesen, bitte Aztl Werther. Aztl las in derselben Art. Als ob die Silben bedächtig aus seinem Herzen tropften, nicht aus dem Verstand oder seinem Talent. Und da lag auch viel Irre in diesen Tönen, denn sie hatten natürlich auch metaphysische Kräfte in sich, verzweigte Klangformen, die erkennen ließen, dass da etwas war, eine Möglichkeit, einen Menschen der sich wahrhaftig verstand, eine andere Möglichkeit wo erkannt wurde, dass es schwierig für Gott ist, in der Welt Frieden zu schaffen - und warum tut er es nicht, da lag die Möglichkeit, dass das keiner beantworten konnte ...

Und war das ein guter Mensch, dieser Aztl mit seinen magischen Tönen, einfach einer, dessen Leben nutzvoll für die Welt - die Menschen ist. Bis jetzt war er ja auch noch keiner von dem gesagt werden konnte, er sei ein schlechter Mensch, schädlich für die anderen ...

Oder war er so einer, der schlecht war, aber eine gute Position hatte, wie zuvor schon viele Könige, Kaiser, Politiker und Bettler, einer der einen guten Ruf durch die Manipulation der Medien hatte und so tut, als ob er selbstlos ist. Denn wenn er so einer ist, dann ist er einer der Schlimmsten.

Das ist es ja,

Da liest einer Gedichte, ein alter weiser Wüterich des Lebens und der Impotenz, auch wenn er noch jung ist, denn die ganzen Millionen Jahre der Universalität, die Zeit der Erschaffung des Lebens, die evolutionäre Zeit vom Andern hinein in eine neue Lebensform, sie waren gespeichert, gespeichert im Das, festgehalten seit sehr, sehr, sehr, sehr, sehr sehr, sehr langer Zeit.,.

Er hat eine magische Stimme und sofort steigen diese Gedanken auf. Schön noch und schneller als Jupiter, der auf zur Venus nach Morgentau laben gleitet. Ja, womöglich ist er bei weitem über Gut und Schlecht hinaus, Er ist ein Weiser. Wenn er noch mehr Gut als Schlecht in sich hat, dann ist er ein außergewöhnlicher Mensch, eine Persönlichkeit. Normale Menschen haben ja wie gewusst, mehr Schlecht als Gut in sich. Und der Abfall und der Dreck der Gesellschaft, das sind auch Parteifunktionäre oder Buissneshelden und sogar Päpste oder Filmstars oder einfache Arbeiter, die haben überhaupt nichts Gutes in sich. Und doch sind sie alle vom großen Meister geschaffen. Wenn du aber mit der Evolution theoretisierst, dann muss gleich das verkorkste Denken und Leiben der stocksteifen Wissenschaftler mit in Betracht gezo-zogen werden, jene mit ihren garstigen wissenschaftlichen Wesen der Ratio ..

Und gute Taten tun ... , ja das soll man ... , Frau auch ... Aber es gibt auch Zeiten, wo keine guten Taten getan werden sollten. Der Mensch, der das noch sagen konnte, er wurde vor kurzem auf der Stelle erschossen - wegen seiner aufrechten Position, weil in vielen Ländern nämlich die Demokratie verseucht ist. Der Schein führt dort unter dem Deckmantel von Schlagwörtern, die ganz schön weh tun und aus welchen der Ring zu totalitären Staaten geformt wird ... Aber wo soll das hinführen ... Womöglich ist das hier alles erdichtet ...

Jesus und Buddha, sie waren beide völlig gut ... Aber sie waren auch die Einzigen. Die Folger projizierten das Getane der beiden auf sich selbst, was aber noch längst keinen Jesus oder Buddha aus einem Menschen macht ... Das ist ja auch ganz klar aus der Geschichte zu ersehen, das Kill- Kill der Religiösitäten, insbesondere der sogenannten Christen ...

Na und was soll's, die deutschen Kirchen sind wochentags geschlossen. Da ist Kirchensteuer im Staatsplan inbegriffen. Was für eine Zwangskorruption. Echter Lug und Trug als Staatspflicht. Geldglaube aus dem mittelalterlichen Fegefeuerritus. Die moselmanischen Moscheen sind tagsüber offen jeden Tag in der Woche - und da wird mehrere Male am Tag aktiv gebetet. Die buddhistischen und taoistischen sowie die hinduistischen sind am wertvollsten - da wird noch aktiv geglaubt. Und vor allem, wenn man in den Bergen ist, kann man in den Klöstern Rast machen, bekommt eine Mahlzeit, genauso in den Städten und die deutschen Kirchen bleiben überwiegend geschlossen. Da sind Schmetterlinge und Blumen wichtiger, als die deutschen Kirchen.

Außerdem sangen die Stones ne lange Zeit Dance, Dance Little Sista Dance - und die Kirche singt immer noch ohne Menschen, tut Busse, tut Busse, damit die geilen Pfaffen auch was für ihre Abgeschiedenheit bekommen, tut Busse, tut Buße - mit Sz natürlich ...

Nun ja, die beiden Frauen, so wie sie waren - und sie waren ab und zu so - und ab und zu auch zu Ted Nugents sanftesten Wildheitsausbrüchen am Rocken, ja, auch hier in den Atlas-Rocky-Bergen, denn da entsprang ja ursprünglich der Ted Nugent seiner Mutter, lustig und schon mit ner Minigitarre in der Hand, damals als sie noch am Trippen war.

Ja, nun diese beiden Frauen, sie gaben nun ungezügelten Beifall als Aztl wieder zu Ende gelesen hatte ... , Und das hättest du wohl auch so gemacht, nicht wahr ... Oder gibt es dagegen irgendwelche psychologische Einwände aus Presspappe, die ihren Sinn so verbreiten, dass Psychopharma zunimmt und du jeden Tag ausgestoned zur Arbeit gehst oder sogar Auto fährst und das ist legales Stoned-sein ... oder nicht ... , aber Stoned-sein aus den eigenen Quellen, den nationalen, verbunden mit den internationalen Freunden, das ist natürlich auch was anderes, das ist erlaubt - und wenn Opium in Bayern wachsen würde, würde es auch legal sein, bloß weil die Typen da unten solche Angst haben, trinken sie lieber Bier und vertorkeln die Angst, die wahre - im Weizenrausch ... Und die Sowjetzkies, sie nehmen mit Vorspiel lieber Etsch, das eine ungewohnte Wirkung hinterlassen soll. Vielleicht sind sie deshalb auf den Marx oder Lenin abge-

64

fahren. Das waren auch Etscher. Na, und die Germanenbrüder, Amerokobuffallomoneski, das sind eingeschworene Ersatzstoffreaks, sie schlucken mit Vorderhaut Liebe, am einfachsten Schuljungens, da vergeht jedem der Horrortrip, da gibt's keine Todesangst, sondern Anbetung, Wahnvorstellungen sind dann Kostenlos am Broadway zu erhalten, zu und ab hauen sich mal Zehntausend die Keule auf'n Schädel, aber was soll's. Massenmord ist sowieso staatlich geplant, dafür gibt es genügend Atommixcoktails und die Inder und Chinesen und Sowjetzkies und klitzekleinen Israelis und die Germanen und Franzosen und Engländer und Holländer und Spanier und Japaner und Kanadier und, ach, wenn sie nur könnten, sie würden's ja alle, alle wollen sie sich zuerst in die Atmosphäre blasen, das kommt vom unterdrückten Masturbationstrieb, Freud hatte die Zündschnur dazu, ansonsten ist alles andere illegal und gefährlich, außer zehn Kilo flüssigem Lachgas für jeden Erdenbürger in der nächsten Zukunft, allright, ok, ich bin euer Präsident.

Was ... , was, rief Magnolia in der Mitte ihrer Fantastischen.

Denn ihr war während dieser vorgestellten Lesung eine fantastische Idee gekommen, obwohl sie nicht sagen wollte, dass sie sich ab und zu für einen doppelten modifizierten Flohzirkus hielt ... , ganz unter uns.

Sie war aber viel mehr eine, die das Opfer dieses Gedanken aus der dritten Hirnzelle war. Denn er klopft nun an ihre Tür, aus seinen Augen, ganz offen, aber wie einer der noch ganz offen einen Menschen ansehen kann, was ja den allermeisten sehr große Schwierigkeiten bereitet ... und denen es keine mehr bereitet, sie, ja sie sind schon zu oft abgelutscht worden, von Freunden zuerst, dann vom Leben und dann vom

Leben-Wollen - und dann, dann sogar vom Leben-Müssen ...
Nein, dieses ist Seite fünfundfünfzig Nein sechsundsechzig...
Ja, also, die Augen, sie waren bewegliche Saugnäpfe ... das ist
Schnellevolution. Doch der Gedanke des Auges er rief zag-
haft mit einer echten Stimme aus Blech nein, nein, verzeih
mir, zieh nicht deinen Gesundheitspolitik-Schmalz zu uns
rüber, bleib in den Bergen, hier, nimm noch Freiheit ... , aber
bleib, bleib bloß weg, komm nicht zu uns ...

Magnolia war etwas wollüstig ... gibt's sowas ... Aus der Uhr
kam 22.44 ...

Komm mit mir, komm mit mir, ich hab'n Kleinen, ich
hab'n Kleinen, komm. Ich kann nicht, ich kann nicht. Die
Freunde wollen mich zuerst ...

Das sind echte Freunde, so wie sie sind ... hnnnnnnuuun,
komm schon. Dann kam der Theaterleiter dieses Buches,
der daraus eine staatliche Vorführung machen wollte und
erleichterte sich, indem er einfach auf die Seiten von Frank
Zappa pisste ... , genügt das Is there anythin good inside of
you...... Ahhh, piss off .

Magnolia war entrüstet , sie würde friedlicher ... da lag
nun nur noch das Vorgestellte ... ! , Verzeih mir die Tränen.
Verzeih mir meine vergeblichen Wünsche , aber warum immer dieses Verzeih, Verzeih, vergeblich, Vergeben, Wünsche,
was ist dieses, ein FreiheitsKriegsGefangenenLager ... I

Nimm mehr Enthemmung, nimm mehr Antriebssteige-
rung, steigere sie bis zum Everest der Aggression und du
bist die gärende Göttin selbst, Tod durch Herzversagen ist
so wie Tod durch Tod, er weint keine Träne, er singt immer,

weil er immer lebt, der Tod ist das ewige Leben, nein, nein, lasst euch nicht von Wortscharlatanen den Dreck von der Couch des Verfolgungswahhhns nehmen, sein Kumpane ist die Schlaflosigkeit und der ist nahe verwandt mit Marylin, der Goldschusskönigin von Berlin. Sie lebt in nächster Nähe von Wolf Zebra ...

Und er, er ist ein Gefangener der Uninitiative ...

Doch dann, dann erklang die Stimme von Elvis Pressluft, it's now or nie - und wenn Magnolia noch lebt, so soll sie jetzt weitermachen ...

Ahhh, der Aztl Werther, er ist doch der King hier und der eintrilliardelstelzehntelmilliardelstelzweitausendstelmillisekunden-Falschgott, Goethe, er hat ihn doch erschaffen ... und das ist wichtig, der hat Ein-Fluss gehabt und lebt sogar noch im Striptease.

Well I dated youre big Zista ...

Ahhh, wie soll diese Geschichte bloß weiter geschrieben werden ...

Ahhh, Leser, vergib mir nochmal, denn ich bin ein Gedanke, der glücklicherweise nicht die Wahrheit ist, aber ich bin die Tochter des Abgrunds ... ... die Tuerinn der Intrigen, die Unterstützerinn der Irre und des Wahnsinns, Ich denk mir, das Bewusstsein zu sein - und die Menschen - ha, die glauben mir doch noch tatsächlich ...

Sie kommen sich dann vor, als ob sie ihrer Existenz wacher gegenüberstehen, dabei ist Wachheit der Zustand der Gottheit - und nicht denkfähige Manipulation der Worte und Begriffe - aber genau das ist es ja, - sie stehen ihr gegenüber.

Sie meinen dann wach zu sein, dabei ist Wachheit der Zustand der Gottheit - und die Menschen sind doch alle - aber auch jeder - alle Menschen - doch nur Träumer.

Have you ever loved a Woman, kreischt Clapton ihr ins Gesicht ...

Doch die Bewusstheit hielt daran fest, die Menschen sind alle Träumer. Aber wer kennt schon die Wachheit des Schlafens doch nur der Träumer. Und deshalb sind die Menschen alle wach ... , auch im Schlaf...

Ultravox ging pinkeln - und zwar in Wienna ...

Und dann fängt er auch noch an mit So my Darling please surrender all youre Love so sweet and Tender, glauben die Menschen mir, wenn sie denken für sich sorgen zu können, ihre Bedürfnisse zu erfüllen, ihre Wünsche. Pläne planen, Gründe zu erkennen, die Tiefe der Quelle, das Unbewusste ist ihre Rettung, denn auch wach gegenüber seinem Verhalten zu sein und durch Logik es so zu lassen oder zu verändern, das soll ja nur menschlich sein ... die Tiere, ein Wort der menschlichen Fantasie, sie sollen dieses ja alles nicht haben, sie sollen sich ihrer Existenz ja nicht bewusst sein - und das soll die Basis zur Selbstbewusstheit im Menschen sein ...

Also die Basis, sie ist zuerst tierisch, dann ist sie unbewusst und aus tierischer Unbewusstheit entsteht bewusste Menschlichkeit. Dabei sind das nur schnelle Worte und Formulierungen ... , dabei sind die anderen Wesen - Tiere genauso aktiv - bauen, formen, essen, leben und ja, vor allem, sie plagen sich nicht so, sie sind eingebetteter als Menschen, die Gedanken - dieses Bin - Ich, der Grundgedanke - und vor allem, sie bauen keine Raketen, keine Atombomben und so weiter. Wer ist also der Krüppel... Wahr ist das Tier, wer ist die Seuche, haha, ihr Mathematiker, ihr Biologen, ihr Ingenieure, ihr Werkzeugmacher, ihr ihr, ihr Ihr, ihr stinkt doch alle, ihr stinkt so sehr, dass in der späten Zeit die Massen versuchen werden euch zu eliminieren ...

Weil ihr durch konstruktive Schulung stagniert seid und die Freiheit der flexiblen Erkenntnis auch keine Menschenmoralgesellschaft - und zwar eine globale - in euren Schwachsinnsleibern habt, ihr „Gebildeten", ihr seid die Mörder, die aktiven, ihr alle auf dem Erdball ...

Und dich Magnolia, dich wollte ich vor ihm warnen, denn der da vor dir, der ist ein Wiedergeborener, der Aztl ... Sogar ein Atlanter, einer der darunter, davon leidet, dass er unter euch, mit euch lebt, denn er lebte in einer viel höheren, viel umfangreicheren Zivilisation, die auch besser - töten - konnte, was Zivilisation ja schließlich auch bedeutet, er ist einer, der aber im Bilder- Rahmen der Gesellschaft den Weg ging, er hatte eine Abscheu vor Wissenschaftsmentalitäten, war eher ein Dichter, einer der brauste und mit Kraft lebte - und so vergaß er die Kraft der Stille und Ruhe niemals voll auszuschöpfen. Die paar Gedichte, die er darüber schrieb, hatte er nie in die Tat umgesetzt.

Also Magnolia, zeige du ihm das völlige Abbauen der Fantasie und der Projektion, Magnolia - denn gerade du müsstest es doch wissen, was eine Plage, ein Fantasieleben sein kann ...

In der Altstadt der Stadt Marrakesch, da ist eine Gasse, eine enge Gasse mit vielen kleinen Läden und materiell Armen. Wer da einmal durchgeht, der kommt nie mehr zurück, der ist für immer mit der Einheit verbunden und siedelt sich da an. Diejenigen, die wach dafür sind, die bleiben dort. Viele schlendern an ihrem Glück tagtäglich vorbei, erkennen nicht warum die Menschen dort immer lächeln, Rosen an ihrer Kleidung tragen und milde Blicke weiter senden. Die meisten nehmen nicht wahr, dass es dort kein sich Unduldsamen Durchsetzen gibt. Jene dort, sie nehmen mit klarem Blick die Auswüchse und Schäden, den der Zug der materialistischen Menschen mit sich bringt, jene, die wirklich so sind, die echt denken, wenn du dieses oder jenes nicht hast oder bist, dann bist du Nichts. Jene erkannten die völlige Auflösung des erkannten Geistes, des Ursprünglichen - und deshalb sind sie dort stehengeblieben ...

Es gibt auch in anderen Städten auf der Erde solche Gassen, meistens unscheinbare und ungeschmückte, denn die Gesinnung war am Absterben und die neue Gesinnung, dass der Mensch die Naturgesetze beherrscht und was alles aus solch einer Mentalität entsteht, Sie greift umher und macht die Menschen blinder ...

In aller Achtung vor Verbesserungen. Gegen Krieg. Gegen Aufrüstung. Für Frieden. Für mehr Wahrheit in der Welt. Aber darunter liegt doch die Macht ... und Macht ist sehr schwierig zu handhaben, zumal die Naturmacht größer ist, als die Menschenmacht - weil die Natur größer ist - und wie kann sie so gehandhabt werden, dass sie lebensfördernd ist ... für die Menschen nicht nur allein ... sondern für alle Lebewesen ...

Welches die Welt und Gott ist ... ja, daraus entsteht das Wir, Verantwortung für Gott, was wir uns oben drinnen eben von Gott vorstellen und wissen .Und das hat der Goethe auch gewusst .

Die ganze Geschichte mit der Magnolia, dem Werther, Hanane Mohamed, Wolf Zebra und der Lotte und den anderen - den Schauspielern, vor denen Plato schon gewarnt hat, vor Schauspielern, welche keine Söhne des ruhigen Zeitalters sind, Jene, die nur einmal lieben und dann ewig träumen, also immer lieben, sie fängt an aus den Fugen zu geraten, ohne Quiz. Ich, der Schreiber, bin inzwischen etwas morsch geworden und habe heute zweimal l0mg Valium genommen, da die Geschäfte hier in Marokko so voller Konfusion, Neid und bekloppten Ansprüchen zu werden beginnen und einigen Leuten mal anständig gezeigt werden müsste wo's lang geht ... , hinsichtlich der falschen Freundlichkeit und anderen solchen Sachen.

Es ist an der Zeit, dass ich diese Straße in Marrakesch finde und mich da niederlasse. Der Haken ist bloß der, dass die ganze Stadt aus solchen Straßen besteht und keiner will mir das politische Heuchelideal - des falschen Bewusstseins, welches das vor den Dingen Liegende ist und immer die Zuerstebene sein soll, mehr sagen, weil nun alle die Tatsache hinter der Objektivität wissen wollen ... Die meisten Alten in Positionen sind unzugängliche Leichenträger ihrer eigenen Leichenentwicklung. Sie fördern Leichen, indem sie Liebe mit Ego bekämpfen. Sie verteidigen politische Doktrinen und reden sich darüber den Mund voller Schaum, anstatt von der, der Natur und ihrer Schönheit zu schwärmen, sie unterstützen. Sie unterstützen das Vernachlässigen der Jugend und streben dann sofort zum Geld und dann zur abweisenden Hochnäsigkeit, ihr Reden ist umnebelt, von routinierten Verhaltensformen angehaucht, voller elektrischer Lächeln ,und der Sucht sich in einer Position zu wissen, aus der heraus sie voll die Lüge und Manipulation unterstützen, sobald ihre Position mit der gegenwärtigen Lebensströmung konfrontiert wird und Krawalle, Proteste oder Aktionen anderer - für sie Antimenschen, stattfinden ...

In ihren verkalkten Hirnen tropft es wie in Tropfsteinhöhlen - zur völligen Verhärtung und Verkalkung - und oft ist jeglicher Versuch mit ihnen Kontakt aufzunehmen und Dialoge zu fördern, ein Blick in ihre Mentalität, die solche Versuche nur zu gerne in noch mehr Macht, mehr Antileben und Kontrolle zeigt ... Sie sind unfähig Spaß zu haben oder zu zeigen ... oder eine neue Idee zu verstehen, nee - oder erst recht zu leben ...

Ihr Schädel ist hart wie Geld. Ihre Aufgeschlossenheit zum Neuen, Empfinden, ist betäubt und diese Betäubung widerspiegelt sich tagtäglich in die Umgebung und wirkt an anderen Menschen, Sie haben sich zu früh egozentrisch gefangen genommen und es ist leicht zu erkennen, dass Sie völlig unbewegliche Opportunisten sind, die echt glauben und denken sie wüssten alles, außerdem haben sie ja die Stütze des jeweiligen Staates, der solche Leichenträger unterstützt, weil der Staat der größte bewussteste Leichenträger- und Produzierer ist -

Kriege etc ....

Alleine von Themen, die in einem Staat gefördert werden, lassen den Würfelhusten blühen ... , denn die Staaten sind ja auch am stärksten egozentrisch orientiert. Und sowieso ... und überhaupt ...

Korruption und die höchste Form der Verkommenheit, so wie s die Gesellschaft gezeigt hat, wird vom Staat und seinen Mitspielern produziert. Deshalb ist die Beschäftigung mit der Zersetzung solcher Aufbauten extrem wichtig, zugleich aber auch die größte Zeitverschwendung auf der Erde ...

Ein Land, das zig Millionen dafür ausgibt Killmaschinen zu entwickeln, ist doch der verantwortungsloseste Zustand, den

sich das Land und somit fast alle Länder auf der Erde erlauben ... darin liegt der manifestierte Gebrauch von legal
bezahlten Mördern. Das Land unterstützt die Kinder zum
Weg in - die Kugel in Kopf. Das Land vergeudet die Lebenskraft der Menschen, der Völker und vor allem fördert, die
Menschen direkt an ihrer eigenen Selbstzerstörung zu arbeiten, indem sie prozentual an der Killindustrie beteiligt sind,
durch Steuern ,die sie nicht verweigern zu zahlen - deshalb ist
dann ein Volk, die Menschheit voll verantwortlich, deshalb
sind solche Länder direkte Lieferanten des Todes im eigenen
Lande - wohl das Größte an Unverantwortlichkeit ... Wo das
Leben doch leben will, dieses ist gültig für alle Länder der
Erde, die somit alle schwere Fehler begehen, weil sie eben
schwache Führer haben, die die Gewohnheit weiter fördern,
Führer, die keine erleuchtenden Ziele haben, welche von
erleuchtenden Menschen aus dem Volke kommen, sie sind
unfreie Kreaturen ...

Sind unbegeistert von der Schönheit des Lebens. Naja,
die feiern ihre Feten, aber das deckt noch lange nicht den
Killprozess ab. Sie scheinen auch kein Trauen in das Lebens-
schöpfende zu haben. Sie sind Gefangene in ihrer Gesellschaft, die sie unterstützen. Das ist zu viel Schlechtes in ihren
Köpfen und zu wenig Gutes.

Und inzwischen sind der Wolf Zebra und der Hanane
auch weiter geschritten ... Wichtige Fragen und Antwor-
ten sind erschienen. Neue Situationen geschaffen. Andere Sprungbretter für neue Kopfsprünge in das Wasser des
Tunmüssens oder Seinlassen lagen da vor ihnen - und Wolf
Zebra erkannte wieder die Übertreibung des Wollens und

die Bizarrheit der Unzuverlässigkeit und doch wollte er sowas gar nicht sehen ... Aber glücklicherweise gehörte er ja nicht zu denen, die einfach nur die Augen zudrücken, so tun, als ob nichts geschehen wäre, aus Bequemlichkeit, aus Vorsicht oder Feinfühligkeit, wie eine Art von Nichtanerkennung des Lebens, denn da wurden Versprechungen - also Fehler gemacht, Pläne nicht eingehalten ... Hananes Cousin Hamed aus Paris hatte nicht die neunhundert Kassetten mitgebracht, die Wolf Zebra ihm zuvor gesendet hatte und wo Hamed als Vermittler funktionieren sollte ... Er hatte Eigeninitiative gezeigt, indem er selbst entschied, Hanane könne solche Kassetten nicht gebrauchen, da war angeblich viel zu wenig musikalische Auswahl. Und Hanane, so meinte er, brauchte Variation. Aber er hatte vergessen, dass er die Kassetten nach Marokko bringen sollte - und auch sich selbst dafür anbot, weil er doch so gute Verbindungen beim Zoll in Casablanca hatte, denn Kassetten sind Interdit in Maroc und nur mit Beziehungen und Bakschisch ‚ein Schmiergeld damit's flutschig geht, kommen Güter in das Land ...

Und so hatte Hamed wieder etwas Gegenwärtiges und Zukünftiges abgewürgt, getötet ... denn Hanane brauchte das Geld und Wolf Zebra hatte auch damit geplant, für die diesjährige Einkaufsgrundlage ... Aber es war nicht nur das, in seiner Beschreibung zu Hanane hatte er den Inhalt des Pappkartons völlig falsch beschrieben. Daraus war auch zu erkennen, dass er nur sehr oberflächliches Getue gezeigt hatte. Auch unter den beiden, bemerkte Zebra, waren Neidschwingungen und Missgunst am Brodeln. Nur die traditionelle Form und das mögliche Geld hielt sie zusammen, denn Hanane war auch schon entschieden gegen ihn ...

Ahmed predigte zu seinem Cousin Hanane, dass Wolf Zebra in diesen 900 Kassetten nur vier verschiedene Kassetten-Variationen hatte, also einmal die Doors oder einmal Elvis oder einmal Led Zep und einmal Ultravox - und das stimmt absolut nicht ...

Und Wolf Zebra bemerkte, dass etwas mit dem Kopf Ahmeds nicht stimmte. Er bemerkte das Hamed zwischen Geschäft und Pflicht und Liebe - welche er wohl mehr wollte nicht fähig war zu unterscheiden und da braute sich, wie bemerkt, Eifersucht und Neid in ihm auch noch zusammen, weil er sah, dass Hanane und Wolf Zebra echt klar koope-rierten, weil sie Klarheit vor Liebe stellten, im Geschäft - und das besagt noch lange nicht, dass sie kein Trauen hatten. Aber dieser Hamed, er war mehr ein Aufschneider und protzte mit seinen Verbindungen - und das ist schon die erste Warnung, vorsichtig mit solch einem Menschen umzugehen.
Und das bedeutete, dass Hanane nun weniger Geld hatte. Geld, das er brauchte, um für Zebra die geplante Kleidung zu produzieren. Und auch Hanane beschwerte sich bei Wolf Zebra, dass sein Cousin ja im Laufe des Jahres, viele der von ihm gesendeten Sachen und Kassetten einfach als ver-loren oder vermasselt angab und er, Hanane, somit von ihm kaum den echten Erlös bekam. Jaja, eben Familientradition und familiäre Korruption, ausgeweitet in Landeskorruption und Völkerkorruption, jaja ... Und das brachte Zebra und Hanane nun wieder dahin, dass manche Menschen doch mehr Schlecht als Gut in sich tragen ...

Und als die beiden nun durch die bunten Gassen der Medi-na, voller Duft, frischem Holz von Eukalyptusbäumen, Gewürzen, Orangensaft, Urin, Parfümen, geröstetem Fleisch und vieles mehr, wanderten, um einen Platz im Schatten zu finden, fing Hanane davon an zu erzählen, wie oft er schon ausgetrickst und belogen wurde, wie viele Menschen hier in Marokko echt blöde sind, keine Zuversicht haben, wie sie fast immer Hintergedanken haben und keinen Sinn der wahren Zusammenarbeit entwickeln, denn zu viele wollen nur für sich und geben nichts zurück, ihre Mentalität ist entweder voller Ambitionen oder voller Profit, Schau dir die Alten an. Er zeigte mit dem Finger auf einen Dickleibigen, der dösig auf seiner Ladenfläche lag. Sie haben sich im Laufe der Zeit wohl ohne vorher zu wissen, das was einer ein Leben lang tut, er auch wirklich wird und verinnerlicht und nach außen bringt, sowas erarbeitet. Aber noch beim Sterben tragen sie die Geldnoten im Schlafanzug ,und wenn ein Krankenpfleger sie ihnen wegnimmt, fangen sie wie Kinder zu weinen an ...

Wolf Zebra unterbrach Hanane hier und berichtete, dass in Kanada, wenn einer im Krankenhaus liegt der alt ist und in gewisser Zeit ablebt, wenn er gerne Alkohol trinkt, solchen in Hülle und Fülle erhält, wenn er gerne isst, auch das bekommt - also, lasst den Menschen mit seinem Spielzeug ableben ... Jaja stimmt, fügte Hanane hinzu. Aber Schau, die Geschichte geht weiter. Wenn der Kampf und die Hoffnung für Reichtum und weltliche Erweiterung unterdrückt oder frustriert wird, dann geht in vielen Menschen die angesammelte Kraft nach unten und beeinflusst Veränderungen in Flüssen auf der Erde und in der Vegetation ... Mhmmmh, das ist eine interessante Perspektive, sie zeigt die Einheit der Kräfte, in denen der Mensch ist, die sich dann nur verschieben. Das sieht dann so aus, als ob der Mensch dann eine Art Steckdose zur Erdkraftsphäre hat und nicht mehr so zur feinstofflichen Sphäre. Interessant und einleuchtend, denn irgendwohin müssen sie ja ...

Eine poetische Klarheit sozusagen ...

Ja und darum Wolf Zebra: Diejenigen, die nicht tot sind für die Ambitionen zum Erfolg, die sterben vom Erfolg, zum Beispiel die Rockmusiker - und jene, die nicht tot sind für den Kampf um Reichtum, sterben vom Geld-machen - und jene, die sich ganz Gott widmen, sterben auf dem Weg zu Gott - und so weiter und so weiter. ..

Die Weisen der Welt, sie versuchen Frieden in die Welt zu bringen, indem sie diese beiden Direktionen in der Mentalität des Menschen versuchen zu regulieren ...

Ja gut, hoffentlich gibt's bald mehr Weise auf der Erde, Gott muss mehr Boten leben lassen, die mehr Ausgleich schaffen ... Ja, dann Mohamed, dann ist auch die Treue, gutes Benehmen, Malerei, gutes Ingenieurgetue oder gute Musik und so weiter, also da liegt ja in all diesem der Wunsch des Menschen, sich einen guten Namen zu machen, genau bei denjenigen, die sich von der Gesellschaft so weit wie möglich zurückziehen.

Irgendwie kommt's ja aus der Quelle - das es das Beste für ihn ist und somit ein Profit ... jaja, das ist so, wenn diese Ausgleichskräfte im Menschen nicht in Harmonie sind, dann wird er einseitig und steif, er ist oft selbst daran schuld, solange er fähig ist sich selbst als verantwortlich zu verstehen.

Wenn er noch einer ist, der hin - und hergetrieben wird von schlechten Eigenschaften, dann kann er in der Obhut des Unfreien gesehen werden - und ihm wird vergeben ...

Jaja, es ist schwer zu verstehen, zu erkennen, was die große Mentalität, der Große, das Große ! Wirklich alles tun kann ... und wir Menschen erstmal. ..

Weißt du Wolf, ich suche oft einfach Freunde, sehr viele Reisende kommen hier durch Marrakesch, musste aber feststellen, dass sie meistens begraben unter den Flügeln ihrer Ambitionen oder aber Leiden unter der Last ihrer Arbeit und der Absicherung ihres Erreichten. Die Menschen waren alle getrieben gewesen, getrieben von ihren Plänen, von ihren Ängsten und sozialen oder nationalen Grenzen. Später ging ich oft in die Berge da vor uns. Allah, dort saß ich in Ruhe, schaute mir den Mond an oder die Blumen, die wilden und doch so kultivierten, feinen, so schönen. Ich konnte keine Menschenseele sehen und wollte mir dort ein Haus bauen. Später, wenn ich an einen Freund dachte, passierte es dann oft so, dass der Freund auch erschien. Wie saßen dann da am Berg und schauten auf die Menschenwelt da unter uns, sahen in der Ferne die Marrakeschaner, die geschäftige Hektik. Sie sahen aus wie Käfer oder kleine Insekten und wir erkannten, dass wir hier auch eine Ambition, eine Profit-Mentalität hatten, eine die weiter als die übliche Ambitions - Profit- Mentalität ging ...Und die Mentalität und das Bewusstsein und die Politik oder Musik, die Künste oder das Werkzeugmachen, Autofahren oder Kochen, Angeln oder den Garten pflegen, ein Buch lesen oder Eis essen, das alles ist die Mentalität, das Große in uns Menschen - und wer kann darüber denn schon sprechen ...

Und Wolf Zebra antwortete: weißt du, in Berlin, eine zerfallene Betonwüste aus billiger Architektur und unimaginativer Zusammenstellung voller Öde, finde ich oft Menschen die kein Verständnis für Wolken oder das Wetter haben, wenige lieben Wolken, lieben ihre Form und das Glühen beim Abendrot, wenn sie mit phantasmagorischen Farben beleuchtet werden. Mit solch einem Menschen, der ein sympathisches Verständnis und Liebe für Wolken hat, mit dem würde ich die Mentalität der Wolken besprechen. Dergleichen mit Bäumen oder Blumen, dem Mond oder den Schmetterlingen auf den Wiesen der Pfauen Insel oder den Rehen im Spandauer Forst, den Düften in den Wäldern und den Fragen nach Bewusstsein oder Leben, nach Auswegen oder der höchsten Macht. Die Menschen müssen die Sache erst lieben, dann kannst du mit ihnen darüber reden, so dass es Früchte trägt und sie innerlich bereichert ...
Weißt du, Berlin hat so viele verkorkste intellektuelle Popkornspinner, dass es einem übel wird. Die haben kein Verständnis für Freundschaftsmentalitäten in Tieren, Bäumen oder Blumen, Vögeln oder Insekten, Wasser, Atomen, Molekülen oder Landschaften - und das ist doch echt der Ursprung zur Zerstörung der Natur - auch in sich selber.

Eine Polizeistadt, die echt vom Leben, dass wenn es von hinten gelesen wird - Nebel - bedeutet. Und so ist das auch, es wimmelt da von Spitzeln, von Schnüfflern und Kontaktbeamten und das Dolle ist, die sehen fast alle echt wie Schweine aus, fette Gesichter, unterdrungener Körper. Außerdem hat die Vergangenheit mit zwei Weltkriegen noch tief ihre Spuren dort hinterlassen ... , denn so wie eine Atomexplosion das Land für lange Zeit verseucht, so ist auch eine

Stadt, eine Gegend von Schandflecken verseucht, welche früher viele Schandflecken des Grauens und der Macht - der schwarzen - herrscht, wie übliche nationale staatliche Wesenszüge. Und es braucht lange Zeit bis diese Kräfte, diese Schwingungen sich dort verdünnt haben, verwest sind und ungefährlich geworden sind ...

Aber das verstand Hanane nicht, ja, er wusste noch nicht einmal wo Berlin war und wie die Stadt aussah und in welchem Land sie lag. Aber im Ja sagen war er Weltmeister - er verstand immer alles und das bedeutete oft, er verstand gar nichts. Denn die wenigsten, die Wolf Zebra getroffen hatte, hatten die Fähigkeit sich selbst einzugestehen, dass sie dies oder jenes nicht verstanden oder wussten, die meisten waren Vollblutegos, menschliche Egos ,keine göttlichen, die mehr fantasierten - anstatt in sich ein Wahrheitsbewusstsein zu entdecken ...

Denn schließlich muss ein Ego ja alles wissen, können, wollen, machen, haben, sein - und wer weiß was noch alles für Spinnereien ... Das Hanane selten zuhörte war auch erkannt. Er hörte zu, wenn es ums Ficken, dem Vögeln oder Bumsen ging, um Liebe, von der er schwärmte, die aber eine Art von nervösem Körperaustausch zu sein scheint, Materie gegen Materie - anstatt eine Verschmelzung ... Ja, so beobachtete Wolf Zebra den Geschäftsmenschen Hanane. Und Hanane wusste nichts von den Gedanken Wolf Zebras. Wolf Zebra aber wusste, dass jeder Mensch von Geburt so ausgestattet ist, zu verstehen, zu wissen und direkt zu erleben - wenn er offen ist und nicht immer sein Ich in den Vordergrund würgt Auch fiel es Wolf Zebra gar nicht so leicht, sich voll und ganz zu entspannen, überhaupt keine Spannung zu haben.

Er war erst sechsunddreißig Stunden hier in dieser Stadt - und der angesammelte Stress, die Abgase, das Getöse und die anderen Bombardierungen, brauchten eine Radikalkur, um entfernt zu werden.

Die beiden hatten sich nun nach langem Begrüßen, meistens junge Menschen, in den Schatten unter die über ihnen hängenden, frisch gefärbten Wollebündeln, den zum Trocknen aufgehängten bunten Kleidungsstücken und anderen hell leuchtenden Sachen gesetzt, welche auf langen Schilfstöcken aufgehängt waren und von einem Hausdach zum anderen gelegt wurden, die ungefähr vier bis fünf Meter auseinander waren. Sofort wurde Pfefferminztee gebracht und wieder wollte jeder wissen woher Wolf Zebra kommt, was er tut, wie ihm Marokko gefällt, was er schon tausendmal beantwortet hatte und mit der Zeit nicht mehr darauf einging, sondern selbst zielgerichtet Fragen stellte. Solche Fragen: „Ist euer König oder lebt ihr noch im Sumpf", beschäftigte sie dann eine Zeit lang ... Allah, stöhnten dann viele - oder, du darfst sowas nicht sagen, er ist unser König. Oder ein anderer, der Scheißkönig sorgt nur für sich, uns hier lässt er am Existenzniveau vorbei leben. Da ist keine Dynamik im Land, das Geld fließt in den Krieg, Krieg, überall Krieg. Der König ist der Blutsauger Marokkos ... Andere meinten, du bist crazy, du bist ein Verrückter, der König liebt uns, er ist unser König ... Und wie teuer ist ein Pass bei euch, fragte Zebra ihn dann. Mmmmhm, ja 2000 Dirhams, kam dann die Antwort und die bekomme ich nie zusammen ...
Hanane war immer noch vertieft in das vorherige Gespräch und fing auch wieder damit an, als er seinen Tee getrunken hatte ... Weißt du, Wolf, die Mentalität Gottes ist rein, klar

und vergebungsvoll. Er ist wohl mehr daran interessiert, dass die Menschen weniger an Ambitionen oder Profite denken, sondern mehr zum Wahren oder zur Liebe, zur Vergewisserung, dass sie nach echten Reichtümern und Qualitätswerten streben. Aber wer hört hier einem noch zu, die Marokkaner, sie kennen kaum Liebe, denn das ist ein Zeichen von höherer Entwicklung ... Jaja, so wie bei den Krähen oder den Rehen . Weder noch kennen sie echtes Vertrauen (er war offen-sichtlich enttäuscht) und es ist eine feine Sache, endlich nicht mehr getäuscht zu sein ...

Aber dabei hat doch jeder in dieser Welt, der Weiseste, der Dümmste oder Kinder, in sich die Mentalität des Verstehens und der Liebe, die aber wohl meistens versteckt, ruhig und ohne Form ist - oder in der Formlosigkeit verloren ist ...

Aber eines weiß ich auch, das Unbewusste beeinflusst das Bewusste - und das Bewusste beeinflusst das Unbewusste. Und somit sind sie in einer Wechselbeziehung. Aber dennoch ist es nicht möglich zu erkennen, wie es vorsich geht - und dennoch wird viel darüber spekuliert.

Und selbst reden die beiden auch nicht von sich zum Menschen. Die ganze Menge an Eindrücken, das Lachen, alle Wünsche, Hoffnungen, das Gespeicherte - seit wie langer Zeit - und all das ist in mir. Deswegen, seit dem Anfang, wann auch immer, bis zur endlosen Zukunft, nur ich kann diese Mentalität verstehen, und nur ich kann sie vom Bewusstsein verwerfen ...

Und alles was existiert hat seine eigentümliche Mentalität, das Bewusstsein, der Mond, die Galaxen, Morgenröte oder Winde, Lieder oder Landschaften und die Vielheit der Kräfte erreichen ihre größte Realisation wohl in große Intellekte oder artistischem Genius. Aber wie lange noch, was sind schon große Intellekte, artistische Geniusse gegen Hellseher, die einen Blick in die Zukunft bekommen, sie haben direkte Verbindung zum Kreislauf der Zukunft. Es werden wohl Wesen entstehen, die bei weitem tiefer als Mohamed, Jesus, Buddha, Einstein oder Galilei entwickelt sind, ja, sie werden wohl gar nicht mehr wie Jetztzeitmenschen aussehen, sie werden einen sensibleren Körper und ein größeres qualitativeres Wahrnehmungsvermögen haben. Da wird der trockene, echt mickrige, Intellekt und die wahrhaft eingetrocknete Fantasie im Licht solcher Menschen verblassen, denn sie werden mehr reinerer Liebe sein, die ich jetzt leider noch nicht bin, weil ich merke, dass da enorme Blockaden in mir sind und obwohl ich mich vom Sozialen und dergleichen, mit ihren trivialen Ritualen, abgesondert habe, schaffe ich es nicht, in mich einzutauchen und eine tiefere Verbindung zu suchen ...

Und mit dir, Wolf Zebra - zuerst als ich dich sah, vor vier Jahren hier in Marrakesch, da dachte ich, dass du das Talent warst, dass du Liebe warst. Ich dachte, dass deine Mentalität Illuminieren und Durchdringen konnte, denn mir schien, du hattest ein viel größeres an Verständnis oder imaginärer Sympathie, wogegen die Sonne und ihre Planeten unterlagen. Aber inzwischen bist du voller Groll. Dein durchdringendes Lachen ist schaaaal, dein Blick .. ist nach Irgendwo gewendet, du bist zu sehr mit dem Überleben Beschäftigt - wie so viele von uns ... , du hattest das Aussehen, das sympathische Verständnis ... und Liebe ist unbeschränkt auf jene, die attraktive Talente haben ...
Hier unterbrach Zebra Hanane und wendete blass hinzu, dass dieser Ausspruch nun wirklich nicht stimmt, denn er

hört sich so wie die Jetztzeit- Werbeslogans an, genieße aber mit Freude - oder der Duft der großen weiten Welt-oder nur die Schönheit ist wert der Betrachtung ... Hanane redete unbeflissen weiter.

Gut aussehen gehört dazu oder Gefahren nicht zu scheuen, um einem Freund zu helfen oder denen, die Freundschaft anderer genießen. Stimmt, andauernd diese Abhängigkeiten, aber es ist eben so ...

Aber halt jetzt an Mohamed, jeder Mensch hat die ursprüngliche Liebe in sich. Sie ist nicht beschränkt auf deine hierarchischen Erklärungen ... Komm, lass mich zu Ende reden, rief Hanane erregter aus. Denn das was ich jetzt bemerke, in diesem Landteil der Erde, dass ich Hanane Mohamed, vor Gott schwöre, Allah, dass wenn ich jemals ein wahres Talent sehe, ich ihm helfen werde, sogar wenn es nicht mein Freund ist, ein Christ oder Gottloser - oder sogar gegen mich ist. Denn ich wünsche, dass alle unterdrückten Talente, die in den Herzen und Mentalitäten der Millionen blühen und erfolgreiche Gestaltung finden.

Bravo, bravissimo, bravo, brachte Zebra noch mit Mühe zum Vorschein. Bravo, weil das Gerede auch zu Ende war und er innerlich eigentlich abgewrackt war ... Außerdem passierten so viele bunte Abläufe da noch vor ihnen, die Schauder und sogar ab- und zu-artige Minnierektionen produzierten, solch verwegene Exotinnen schlenderten doch da mit ihren Gummikörpern vorbei ... lechz ... lechz ...

Und auch der Antischöne kam mit seinem Moped, das nicht funktionierte und geschoben werden musste und auf dem Moped Sitz hatte er zwanzig oder so frisch abgehackte Kuh Unterschenkel mit Hufe und Haut. Einer der Vielen kam herüber und betastete die Kuhwaden nach eventuellem Fleisch, welches manche Kühe in Marokko auch haben - ab und zu - an ihrem Kuhgerippe. Ein anderer kam und roch an den Waden und aus der Reaktion war klar ersichtlich, dass der Gestank ihm zusagte. Womöglich wollte er seine Frau dazu bewegen, endlich mit ihm ein gemeinsames Bad zu nehmen, denn er kaufte vier Kuhwaden, die gut stanken ...

Er ist ein armer guter Teufel, dieser, der da die Waden verkauft, aber sein Moped ist andauernd kaputt, erwähnte Hanane dann sehr teilnehmend. Warum kauft er sich nicht einen BMW, dann hat er nicht solche Schwierigkeiten, rief Wolf Zebra überzeugend ...

Ahhh, mein Bruder, kam wieder einer der Marokkaner auf Wolf Zebra zu, lächelnd und ihm die Hand reichend. Wenn Zebra jetzt nicht kooperiert hätte, wäre er jetzt sofort als kalter Geschäftsmann abgestempelt worden und so weiter. Zebra schlug ein, obwohl er den Schein des anderen kannte, der zu 90% nur darauf aus war, irgendwas von diesem Nichtmoslem zu gewinnen, auch wenn's die Verneinung war oder eine Entrüstung über die Aufdringlichkeit vieler, die hier vor Tausenden von Miniläden und den Handwerkerställen arbeiteten und Aktion machen ... Aber auch vor Blödsinn und Lachen und Streitereien strotzten sie hier. Und alle sind natürlich Berber - erzählen sie den Touristen ... Dabei sind sie alle Lügner - es gibt kaum Berber in den Städten, die leben in den Bergen und im Riff, dort wo Kiff und Hasch gemacht wird.

Hanane, er fing nun an zu erzählen, dass er eine Frau habe und zwei Kinder. Zebra stutzte, innerhalb von nur sieben Monaten - mhhhm, das ging aber schnell- müssen wohl

Frühgeburten gewesen sein. Nein, nein Wolf, sie war schon mal verheiratet. Eine Französin. Sie ist gut zu mir. Nicht wie die Marokkanerinnen. Tradition, Geld ... Wolf Zebra erwähnte den Zwang des Moslems gegenüber Frauen. Jaja, stimmt. Aber er erfüllt nur die Oberflächlichkeit nach außen und spielte so als ob. Indessen wollte er, Hanane, aber lieber Mensch sein, anstatt Moslem. Denn die Religionen, so hatte er auch erkannt, beinhalten zu viele von den Tu-das, Tu-das-nicht, Verneine- den und Hasse- jenen - und alles gegen andere Menschen ... Und was weiß Religion schon von der wahren Natur eines Menschen. Viele äußerliche Gebote und Verbote. Dabei ist doch jeder aus Dem geschaffen.

Schau dir die Moslems an, sobald du anfängst mit ihnen ein etwas jetztzeitigeres Thema zu besprechen, werfen sie Allah, Allah dir entgegen und sehen die menschliche direkte Situation kaum. Die Marokkaner, sie sind blöde, lass dir das gesagt sein, Wolf ...

Hanane schaute vor sich her, als ob er alleine wäre ...
Das ist eine Übertreibung Hanane, meinte Zebra - auch vor sich herschauend, auch als ob er alleine wäre ... Außerdem, was die Alten uns da vorgelegt haben, stinkt oft himmelhoch. Es ist doch ein Wunder, dass Gott nicht schon lange den Menschen als Stinkopane degradiert hat.
Wann wird wohl bloß die nächste große Sintflut kommen, um die Atmosphäre wieder zu reinigen ...
Jaja, Inshalla ...
Hanane warum hast du geheiratet, fragte Wolf Zebra, am Zehennagel herumgnibbelnd. Ein Mann sollte nach dem 30ten Lebensjahr nicht mehr heiraten Wolf - und ich werde

in diesem Jahr 31. Nämlich da sind Zeiten für alles, wenn ein Mann außerhalb seiner Saison heiratet und nicht die rechte Zeit genutzt hat, kann da viel Nachteil drin liegen, mehr als Vorteil ..

Aber beides sind doch Teile des Ganzen, oder nicht ... Jaja, quatsch du nur so weiter Zebra ... Aber wie meinst du das, meinst du das im Nachteil ein Vorteil liegt. Ja so auch, denn schon oft habe ich festgestellt, was zurzeit ein Nachteil war, stellte sich später als Vorteil heraus. Gib mir ein Beispiel Mohamed. Viele hier schimpfen mich aus, weil ich mich nicht an politischen Gesprächen beteilige, die sowieso fast immer in emotionale Vergiftungen endeten und ein Jeder dann wütend aussah. Aber? Die meisten wollen sich sowieso nur in der Menge eine starke Position herausreden. Aber eigentlich ist das doch sowieso nur verdünntes Geplapper. Was wissen wir schon wirklich - was in der Politik echt unter Politikern für Schachzüge gemanaged werden. Außerdem wirft man mir vor, dass ich mich nicht in der Gruppe am Gerede über die Fehler der Menschen beteilige, denn Menschen haben keine Fehler - und deshalb brauchen wir nicht über sie herzuziehen - und deshalb stellen sie mich hier in den Nachteil. Aber dann wenn ich rede, anfange zu reden - ohne irgend jemanden zu beeindrucken - sind doch die anderen nicht beeindruckt. Obwohl ich wünsche, dass sie mich verstehen. Aber nach all dem, die Menschen hier haben nicht verstanden, denn ich rede oft von diesem mysterischen Geschenk des Lebens. Aber die allermeisten sind erst noch zu beschäftigt mit einer solchen Frage überhaupt und können deswegen gar keine Gespräche darüber entwickeln oder sie sind en gros einfach zu beschäftigt mit Krimskrams. Ich lebe eigentlich ein losgelöstes Leben und kann deswegen Ziemliches von der menschlichen Natur beobachten. Die Freunde meinten, ich sollte ein Buch schreiben, mir einen Namen damit machen, Geld damit verdienen. Aber ich bin nicht daran interessiert einen Namen zu haben, außerdem bin ich zu faul und Schreiben ist so anstrengend - wogegen das Reden Spaß macht - und vor allem, was ich heute schreibe, das könnte mich im nächsten Jährchen ja vielleicht traurig machen ...

Hanane ich weiß, der Erleuchtung ist es egal, wie du sie erreichst. Aber wenn du lieber redest als schreibst, warum nimmst du dir dann nicht einen Minikassettenrecorder - und lässt so einfach für dich schreiben. Außerdem, es wird gesagt, ein Mensch wird ein besserer Dichter nachdem er die Armut geschmeckt hat. Der Grund dafür ist, dass das Versnobte und Hochnäsige der Reichen nicht blüht, dafür aber Tiefe und Lebenseintauchen ,ohne sich in einen Palast verkriechen zu können - und ,die meisten Reichen - was schreiben die denn schon ...
Ich weiß nicht Hanane, womöglich ziehen sie sich daran hoch, wie schlecht es die anderen haben - ist mir auch scheißegal .. denn unter der Menge Armer oder Reicher gibt es sowieso nur wenige gute Dichter, denn die Umstände machen noch lange keinen Dichter, man. Außerdem Hanane, lass uns lieber unsere Rechnungen ausgleichen, das ist mir momentan wichtiger, denn Ich will zusehen, dass wir hier alles getan kriegen - bevor ich wieder in das Giftloch Berlin zurückfliege ...
Beide nahmen ihre nicht vorhandenen Notizblöcke und chinesischen Kulis, die anfingen zu jammern, weil sie lieber herumlaufen wollten, anstatt als Kulis mit dem Kopf auf Papier

gedrückt zu werden, sie würden ja eine ganz verschmierte Stirne davon bekommen. Aber Zebra und Hanane hatten für solche Kulibeschwerden jetzt keine Zeit.

Da unter den bunten Wollbündeln sitzend, mit Störchen am Himmel, die langsam ihre Kreise zogen, wo der Falkenträger sofort die Lederhaube vom Falken nahm, sobald eine Gruppe französischer, holländischer oder deutscher Touristen durch die famose Gasse geführt wurde, um für das darauffolgende Fotografieren seine Dirhams zu bekommen. Wo Menschen mit roten Händen oder blauen vom Färben angekifft lächelten, die Volksmusik der verschiedenen arabisch - moslemischen - berberischen nordafrikanischen Stämme aus den kleinen Läden plärrte, wo es auch nach frisch bearbeitetem Holz duftete, alte Schmieden pechschwarz aussahen, wo der Orangensaftverkäufer stillstand und wartete, wo andauernd die jungen Jungs jeden, aber auch jeden Reisenden ansprachen, sich vor ihm stellten, an die Hand nahmen, mal sanft, mal grob, damit er doch mal sehe - und es sei auch nicht teuer - und das von einem Laden zum anderen - dort rechneten die beiden aus, wie viel ein jeder nun hatte. Und Hanane jammerte, dass er kein Bargeld habe. Das sein Cousin die anderen Kassetten nicht gebracht hatte, dass er viel verschlampt habe. Das er nur vierhundert Kassetten mitgebracht hatte und die noch nicht verkauft habe, denn hier wird viel geredet und wenig getaaaaaan ... Und die vierhundert Hosen Wolf, die du bei mir bestellt hast, kosten jetzt 35 Dirham das Stück ... Was, vor drei Jahren hab ich noch 20 bezahlt ... , letztes Jahr noch 25 ... Nein, erwiderte Hanane, du hattest 30 bezahlt. Ich bezahle für solche Hosen doch keine 35 Dirham Hanane ... Zebra wurde sofort klar, dass er sich nach anderen Geschäftsverbindungen umsehen musste. Und diese Erhöhung ohne Warnung - nein, wenn das so ist, wird er auch die Kassettenpreise erhöhen und zwar genau um die gleiche Höhe der Hosenerhöhung, schließlich hatte er keine Preiserhöhung seit drei Jahren gemacht. ..

Und Hanane erwähnte wieder den Polisario-Krieg, alles ist teurer geworden. Und Zebra glaubte ihm. Aber dann ging er später los, um festzustellen ob's auch stimmt und beim ersten Orangenverkäufer war's auch so. Aber bei mehrmaligem Nachprüfen erschien die Antwort anders. Es waren viel mehr Fruchtverkäufer in der Stadt und eigentlich war ein Glas Orangensaft nun um 50 Centimes billiger als im letzten Jahr. Ja, wenn man den Verkäufer, nachdem das Glas leer getrunken war und ihm schon 2 Dirham gegeben hatte, ernst und durchdringend anschaute, in die Augen, dann kam es sogar ab und zu vor, dass er einen Dirham zurückgab, anstatt einen halben. Und so war es mit den meisten Lebensmitteln, die Preise waren stabil. Also Hanane war entweder durch TV und Radio in seinem Denken beeinflusst oder er suchte eine großrahmige Rechtfertigung in der, welch auch immer, Lage seines Handelns. Aber das Treffendste war wohl, dass er jedes Jahr mehr Profit machen wollte, um auch sein teures Leben zu erhalten ...

Nachdem die Rechnungen ausgeglichen waren - sie hatten die sogenannte Harmonie - war Hanane noch 5399 Dirham in Kredit bei Zebra. Aber dafür würde er Zebra, wenn er wieder Geld hätte, Kleidung nähen ...

Und das gefiel diesem Wolf Zebra doch nicht. Er hatte im vorherigen Jahr 2500 Musikkassetten gekauft, dieser Hanane, davon hatte Zebra ihm 1000 nach Marrakesch gesendet und 1500 nach Paris gebracht, alles mit der Absicht, dass Hanane ihm nun im Frühjahr dafür Kleidung liefere - und zwar für die gesamte Geldsumme der getauschten Kassetten. Und nun, die 1000 Kassetten lagen noch beim Zoll. Der König erlaubt keine ausländischen Produkte ins Land, wurde ihm gesagt, welche marokkanisches Geld aufsaugen, der König erlaubt nur Waffen und dergleichen, wie die meisten Länder scharf auf Kill-Maschinen sind ... , jaja, der König. Aber Hanane hatte auch keine Lizenz zum Kassetten kaufen. Also was bleibt nun übrig: Bakschisch und warten bis die rechte Zeit zum Schmieren da ist, es wird schon klappen Wolf, meinte Hanane. Obwohl sie die 1000 Kassetten beschlagnahmt haben, habe ich durch Freunde erfahren, dass die Kassetten versteigert werden sollen, zuerst versteigern sie Autos und dann, wenn die Kassetten an der Reihe sind, werden sie erst gar nicht zur Versteigerung gebracht, sondern ich zahle dem Freund 2000 Dirham und bekomme dafür die Kassetten ...

Wolf Zebra aber hatte nur 300 Mark Bargeld bei sich, wofür er seinem Vater Lederjackenmuster mitbringen sollte und 100 Mark als Lebensgeld für drei Wochen, die er hier in Marrakesch leben würde, davon wollte er aber auch noch eine Spitzenklasse Led Rhose kaufen und sie dem Großhändler in Düsseldorf bringen, damit er, Wolf, endlich mal ein gutes Geschäft zustande bringt - und wie gesehen werden kann, ist Wolf Zebra in der besten und flüssigsten Wort-Fantasie- Gesellschaft, pleite - wie der Papst in Ekstase ...

Naja, jeder hat das angeborene gottgegebene Recht auf seine Weise nach Glück zu streben, in dem Netz von Wünschen, Ideen, Vollendungen und Anfängen ...

So. Zebra erkannte auch, dass er hier echte Arbeit leisten musste, um das Erstrebte zu erreichen. Ohhh - und das wollte und tat er dann auch - und wie die Sonne half, mensch - sie half - ja sie half. ..

Und genau diese Sonne gab den Dichterinnen das Licht, das auch sie brauchten, um erfreulich Beifall zu klatschen als Aztl das Gedicht nochmal wie ein wahrhaftig Hübscher, wie er es nur lesen kann, gelesen hatte ...
Ist er nicht ein Idiot, also ein Vollidiot, also einer der wunderbar lesen kann, sagte Magnolia zu Zarah ... Doch Zarah winkte ab, sagend dass das Gedicht zwar wunderbar, die Lesung aber doch recht stümperhaft gewesen sei ... In Wirklichkeit war Zarah natürlich anderer Meinung. Sie wollte nur den Kick des Widerspruchs wecken, der wiederum den Widerspruch geweckt hätte, damit Aztl Werthers Gelobt werden noch mehr, noch länger dauerte - und das erreichte sie dann auch ... Und als die beiden Dichterinnen Zarah mit Eifer - und nicht mit Eiter - von Aztls geradezu klassischer, also schulmäßiger, von Klasse, Rezitationskunst, Mantras, den Körper stimulieren, in Schwingung bringen, überzeugt hatten, da war sie zutiefst zufrieden und gab zu, dass sie nicht zu viel von der so viel gerühmten, gerahmten, gebutterten Dichtung verstand, wie Aztl Werther, der aus dem Lichtstrahl Goethes geschaffen wurde, der wiederum aus dem Lichtstrahl Gottes geschaffen wurde, der aus dem ... eehhm, also der Aztl Werther hat durch DNS und RNS ne Landung Dichtkunst in seiner genetischen Spirale ...
Und der Aztl hatte keine Mühe die jauchzende göttliche Erregung zu verbergen, das göttliche Empfinden. Er wusste, dass alles gut war, er sah in Allem Gott und in Allem das

Gesegnete der heiligen Mutter Natur ...

Ohhh, mehrmals gesegnete Barmherzigkeit ... , hohe heilige Dichtung ... sei uns hier weiterhin gnädig, Göttin der Barmherzigkeit. Und in dem Moment versank der Aztl in ein Tiefes - und er sah seinen Körper da sitzen, denn für kurze Momente hatte sich sein Astralkörper vom Körper- Organ-Ich getrennt und schnell wurde sein Astralkörper dann mit Astralenergie aufgeladen ...

Für die Anwesenden sah es so aus, als ob er tief versunken war in das Dicke der Lobungen und so war alles, wie auch immer, normal, frei, wie Ja jeder Mensch vor Gott frei ist ... , bloß haben viele Menschen es ja nicht gerne, wenn sie etwas Freies um sich herum haben, das wollen sie am liebsten zähmen, dressieren, messen, katalogisieren, in die Statistik bringen, nach Verhalten regulieren oder mit Nummern kennzeichnen, damit jajajaja-jajajajaja, alles, alles, alles, alles besser werden kann ... Und die Richter sind klug, die Rechtsanwälte, mächtig die Doktoren - eingebettet in die Gesellschaft, aber Plastikegos sind sie dennoch, die meisten haben sich darauf verlassen und sind verlassen, dass Wissen Macht ist, obwohl da das Neutrale fehlt, denn Wissen ist Wissen und Macht ist Macht - und wer beides nicht richtig mischen kann, der entwickelt mit der Zunahme des Alters, der Worte, des Besitzes, der Tretmühle - ob Schleifer oder Richter - eine eigene Atombombe im Kopf. Und peng ... da fliegen die Synapsen hoch, die Ladung wird frei und der Mensch steht entweder vor der Erleuchtung oder aber vor der Verdunkelung ... In gesellschaftlicher Weise gesprochen wird der innere Druck so stark, dass das Hauptziel dann durch Aggression verpufft, ja, auch im Puff - oder aber darüber hinaus geschleudert wird, in den Stupor, der durch Alkohol und so weiter gut im Stupor bleibt ...

Aber Aztl hatte keinen Stupor. Aztl bändigte sein Herz. Wurde ruhiger. Und aus dieser Ruhe war's leicht zu erkennen, dass aus der Nichtruhe leicht das Feingefühl, das Tastende, die innere Strahlung nicht mehr bemerkt werden würde ... Trotzdem pochte sein Herz stärker. Die Zeit auf der Erde hatte ihn schon menschlicher gemacht. Sogar fing eine Stimme in ihm zu flüstern an und noch viel mehr.

Glücklicherweise hatte Aztl eine frei frohe musikalische Erfindungskraft - er war durch die innere Freiheit ein Prinz im Improvisieren, ein König im Dirigieren - und ein Kaiser der Melodie selbst. Und es fiel ihm ein, dass er das Gedicht ja auch hätte singen können und da er vorlaut und aufdringlich sein konnte, wollte er von sich aus nicht solch einen Vorschlag machen, sondern lieber warten, bis ein Nachschlag kommen würde ...

Doch behielt er diese Improvisationskunst als ein letztes Heilmittel für diese Dichterinnen, die schon so weit gekommen waren und doch so nahe ihre Socken oder Morgenmäntel in einen Atlasbach schleudern würden, dann zuschauen würden, wie das Wasser sie über die kleinen Felsen trägt, auf denen Maifliegen sitzen und sich über die immer mehr schmutziger werdende Atmosphäre beschwerten, sodass sie erst im Juni hoch fliegen können ... Das würden Dichterinnen tun, denn sie sind im genetischen Code so programmiert und deswegen gehen sie auch gerne in die Berge, in die sie sich mit Mühe Löcher graben und gegraben haben, nur um wieder aus den Bergen herauszukommen. Dichterinnen sind eine Mutation von Bergmaulwürfen. Sie haben einen

94

Heidenspaß keinen Katholikenspaß oder Evangelenspaß oder Moslemspaß oder Hinduspaß oder Buddhistspaß - nein Heiden-spaß - und das ist Glück ...

Magnolia, die tanzende Fledermaus der Fantasie mit Vergissmeinnicht im Hirn, die den tieferen Sinn des Gedichtes kannte, aber leider nicht den leichteren, denn sie als selbst schöpfendes Fantasieproduktwesen wusste nicht, dass das Streben des Menschen vielfach ist, mit ihrer Unruhe, mit dem Verdruss, natürlich ist auch manches Gute abgegeben, ein sogenannter lieblicher Genuss, doch das größte Glück im Leben und der reichlichste Gewinn - ist ein leichter guter Sinn ...

Sie kannte die mathematische Kombinationslust des Gedichts und aber auch die Tücke und Arglist, mit denen Lehrer oft Kinder Tücke und Arglist unbewusst übertragen ... und das kitzelte in ihr und sie hob den Finger, mit welchen sie schon oft genug anders gekitzelt hatte, der aber nun eine andere Duftnote mit sich brachte. Und sie hob auch die Augenbrauen vom Boden auf, mit der rechten Hand und ihr Blick wanderte erwartungsvoll lächelnd zu Aztl Werther, der sofort auf ihre Finger geglotzt hatte, dann aber in die Augen Magnolias schaute und hörte: Aztl hat das Gedicht wundervoll gelesen, wie wäre es wenn er es uns nun auch erkläre ... Erklären, Sieklären, Duklären, Esklären, Ihrklären, das Gedicht erklären. Aztls Augen wurden nicht ratlos, so wie Rudis damals auf der LP. Er blickte wie ein treues Schwein vorm Schlachten von einem zum anderen, um dann womöglich wie ein Schwein zu quietschen, aber das tat er dann nicht ... Heiliger Donnerbüffel, somatischer Ekstaseschaffer,

Verwehrer der Langeweile, Hasser der Schönheit, Haber des Bumsens, Haber des Vögelns, Neider des Lebens - das Gedicht erklären ... Er hob den Blick mit seiner rechten Hand hoch. Wie soll ich das ver .., ehhhm, erklären ... , abgefallene Blätter ja, rasend werden ja, ein Seelen-vergnügen beschreiben, jaja, aber dieses hier ist als wie wenn einer zusieht hier in Marokko, als er eine wunderschöne, mit großen Eukalyptusbäumen verzierte Straße, entlangfährt und sieht wie die Bäume, einer nach dem anderen, abgehackt werden und das dann alles weit und breit flach und schattenlos ist - und sowas zu verstehen, in einem Land, das sowieso kaum Bäume hat, das ist nicht zu verstehen. Erzählen sie dann eine Geschichte von sich, die ihnen das Gedicht näherbringt, wendete die fette Lotte ein ...

Aztl atmete auf, Aztl atmete zu.

Ja, das Lächeln vibrierte um seinen Mund. Er erinnerte sich an die Rede Zarahs. Aztl setzte vorsichtig den Fuß auf die nächste Sprosse der Leiter, die ihm über die nicht vorhandene Mauer helfen sollte.

Lassen sie mich das Gedicht noch einmal lesen. Hier. Und mit seinen Rosenblätterhänden, die er aus der Typ V Zivilisation bekommen hatte, nahm er das Gedicht entgegen und las leise:

Willst du immer weiter schweifen, sieh das Gute liegt so nah, lerne nur das Glück ergreifen, denn das Glück ist immer da.

Dann begann Aztl Werther zu sprechen. Heute wurde ich, ein galaktisches unwissendes Dingsda, in die Gesellschaft von zwei Dichterinnen geladen. Ich bin immer noch Explosiv. Sie waren weise und voller Bilder, sogenannte Gebildete Frauen. Ich musste erkennen, dass die eine von ihnen eine

96

große Dichterin war und ist. Darum fühle ich mich nicht unwürdig und klein in meinem geistigen Reichtum. Aber die Dichterinnen waren gnädig, wie die Mutter Natur im Frühling. Sie ließen mich meine Nichterbärmlichkeit nicht fühlen. Magnolia verteidigte mich sogar gegen die Frau Zarah, welche all zu Recht hatte meine Unfähigkeit zu betonen. Ich fühlte den Abstand, den großen, zu ihr geringer werden und beinahe wurde mir das Glück so nahe, dass ich es ergreifen konnte.

Bravo, bravo, schrie Magnolia, bravo, wie eine Standovation. Zarah lächelte still vor sich hin und popelte nicht in der Nase. Lotte war Transparent-Papier.

Der Werther fuhr fort, blieb aber doch da.

Das Gedicht, das ich nur unvollkommen zu lesen fähig war, fing auf einmal an vor meinen Augen in Musik zu zerfallen, jedes Wort, jede Silbe, jeder Buchstabe hatte eine uralte Tonfolge in sich und ich versank in den Sinn, sodass ich, ohne es zu merken, in die Musik des schöpfenden Wesens gezogen wurde und sogar sah, wie mein Körper auch Musik war. Ja, alles wurde zu Musik und schwang in konstanter, vibrierender musikalischer Kommunikation mit ganz großer Leichtigkeit. Ich sang praktisch das Leben und das Leben musizierte mit der Materie, die wiederum die Töne eines jeden Dings oder Lebensform in sich aufnahm und wie ein Film weiter spielte, bis alles ein kontinuierliches musikalisches Einheitsgewebe von perfekter Klangform und folge wurde, die weit über die normale sinnliche Fähigkeit des Menschen liegt, weil er nur gewisse Sachen sieht, hört, fühlt, erkennt - solange eine andere fähigere Körperform noch nicht existiert. Es war wie ein Eintauchen in die göttliche Erfüllung des Irdischen.

Bloß das Ding an sich, wie es die Philosophen beschreiben, das stimmt nicht, denn ein Ding ist etwas mechanisches - mehr lebloses - und da liegt eine Wertabschätzung in dem Wort Ding, welches auch die Unfähigkeit der trockenen intellektuellen Fähigkeit zeigt, das Ding an sich ist philosophische Spinnerei ...

Aztl schwieg nun und hatte den Kopf gesenkt ...

Auch die anderen waren ruhig. Zarah blickte erstaunt auf den Werther - was das bloß für einer ist ...

Magnolia mit ruhiger Geste reinigte das Likörglas, füllte es bis zum Rand mit mutigem Feigenlikör und reichte es dem Wert her mit den Worten: Ich habe sie prüfen wollen, sie haben aber anstatt dessen mich geprüft, so wie's die angeblich Schizophrenen mit den Professoren und Psychologen oft machen, die zum aller größten Teil kaum Verbindung zur Welt außer halb ihrer praktischen und überfüllten, mit angeblich kranken Menschen, haben ...

Aztl erschrak nicht.

Auch beruhigte die Tante ihn nicht mit einem Blick, sondern mit zwei. Dann nahm Aztl das Glas aus der Hand Magnolias und kippte den Likör, kaum das Glas berührend ... Es war noch eine kleine Weile Stille.

In den Köpfen der Anwesenden war das übliche Hin und-her summen von Wünschen, Verwünschungen, von Tatsachen und Nebelschwaden, diskriminitiver Unterscheidung und Verneinung. Da summte trotz der dichterischen Atmosphäre das Wahrnehmen und Festhalten an Gedankenabläufen und das Festhalten an Objekten - so ähnlich würde Buddha jetzt gemurmelt haben. Bloß Aztl, er war schon anders, er besaß die Fähigkeit das Innenleben anzuhalten, keine Gedanken,

Wünsche und dergleichen zu produzieren, wenn er nach außen oder innen schaute. Und das war ganz entgegengesetzt zu Kants Spruch, als er sagte, dass mit jedem Blick ein inneres Denken verbunden sein soll, wenn das nicht der Fall ist, dann ist das Schauen sozusagen ohne Bewusstsein . Aber was wie u.s.w. Bewusstsein ist ... , hahahaha lach ...

Dagegen kann der Pantanjalis gelegt werden, der genau das Entgegengesetzte sagt ...

Nun nahm Magnolia mit einer verliebten Geste das Gedicht vom Tisch, schaute auf die Zeilen und fragte leise: Und sie können es sogar singen ...

Aztl gab der Tante dann einen Blick, der nicht auf einem Blechteller gereicht wurde. Die heilige Magd brachte ein Instrument, das Aztl vor den Blicken der anderen stimmte. Es war eine akustische Yamaha-12-Saiten-Gitarre mit Silber- und Goldsaiten bespannt. Magnolia bekam eine hübsche blau bemalte Doppel-Tamtam, Lotte einen Grashalm und Zarah spielte mit dem Finger an der glitschigen Perle zum klitorischen Orgasmus. Alle versenkten sich kurz in Egoloser, also Ichloser Egolosität - und Zarah fing dann mit dem Vorspiel an, das auch fein und sanft gehört wurde, bis die anderen Instrumente auf der harmonischen Ebene waren - und dann folgte der Gesang von Aztl. .. Aztl sang das Gedicht noch dreimal.

Über den Amazonas, der ganz in der Nähe von Marrakesch vorbeifließt, ergoss sich das Mondlicht in großer Klarheit, die Eulen saßen auf den Zweigen und hörten andächtig zu - die Kiffpfeife herumreichend - ab und zu fiel eine steif vom Ast. Die schneebedeckten Bergspitzen glitzerten voller wichtigem Verständnis, denn die Nacht hatte sich tief und weit in das Konzert der Grillen vertieft, welche extra vom Südpol dafür importiert waren, so wie für einen kolossalen Hollywoodfilm ...

Aztl und Magnolia plauderten über Heiteres und Ernstes. Das Eis war gebrochen und beide waren plitschnass. Und so ging der 3. Mai rüber zum 4. Mai und wünschte ihnen einen brillianten Morgen, als sich die Gäste verabschiedeten. Sie waren für immer von Aztl Werther begeistert und versicherten sich bei Lyo Lloyds of London für ihn, für immer .Denn das war eine Resonanz der Vollkommenheit, diese jugendlichen Aztls, eine so verständige Seele, nicht wahr ...

Na dann, auf Wiedersehen ...

Als Aztl hinter den beiden Dichterinnen herschaute, rief die eine Eule, die zuvor auf den Boden gefallen war mit Uhu-klebt- alles-Stimme dem Aztl diese klebrigen Worte zu: Wie schön das sie nicht wissen wie viel Aufmerksamkeit, Zipdilin, ehm, Lizdiplin, ehhhm, naja, und berechnender Menschenverstand da heute Abend mit eingewebt war ...

Und Aztl schaute die Uhu-klebt-alles-Eule an, sah ihre lockeren Federn und hörte in sich, wie der Goethe in der Geisterwelt des vollkommenen transzendentalen Wissens kicherte, große Künstler und Künstlerinnen lassen die Nöte und Mühen ihrer Arbeit verschleiert - präge dir das ein Aztl Werther. Ohhh Yes, murmelte er da zu allen Murmelnden, den Bäumen, dem Mond, den Sternen, den Grillen, der stillen Luft, ohhh Yes, gute Nacht. ..

Noch früh am Morgen hatte der Werther das Haus der Frau Zarah, verkleidet als ein einfacher Reisender mit roten Sandalen, weißer Jellawa und voller Freude, im zarten Licht verlassen. Er würde sie hier nie wiedersehen. Seine Aufgabe war es einen anderen Menschen zu finden, der eine sehr große Ähnlichkeit mit ihm hatte. Und das Feingefühl hatte sich gemeldet, dass er früh zu suchen anfangen solle ...

Auf der Straße entlang spazierend war er nicht der einzige, die Bergmenschen zogen schon früh in die Stadt, um dort ihre nötigen Erledigungen zu vollbringen. Die Luft war noch kühl und frisch mit süßlichem Geschmack ,fast so wie in Berlin vor zweitausend Jahren.

Ein freundlich aussehender Alter mit runzliger Haut, einem hellblauen Turban, weißem dicken Bart und einer Rose in der linken Hand, an der er ab und zu die Schönheit des Geistes in sich aufnahm, bot dem Aztl einen Platz auf seinem Eselswagen an - und Werther sagte zu. Der Alte war derjenige, der von Roland Michaul fotografiert wurde und dessen Foto in vielen Büchern erschienen war. Ich bin die Wiedergeburt eines längst vergangenen Gedankens, fing der Alte an. Ich komme aus Timbukto und werde in Marrakech in die nächste große Verwandlung eintreten. Dies ist sozusagen meine letzte Reise mein Junge, du bist der Aztl Werther nicht wahr. Jaja, erwiderte der - ohne auch nur im geringsten überrascht zu sein, denn er kannte das Geistige, welches universelles Wissen ist und alles weiß - und der Alte war dort zutiefst eingetaucht. Er hatte schon lange aufgehört - was unter normalen Menschen als Leben verstanden wird ...

Diese Rose hier Aztl, sie ist voll aufgeladen mit der Kraft des einen Schöpfers, ich werde sie dir nachher geben, damit du sie deinem Ebenbild geben kannst, denn sie wird ihm freien Weg schaffen. Jaja, erwiderte Aztl - auch versunken im Schönen ...

Komm wir halten hier und gehen dort unter den Feigen-
baum. Von dort können wir das Tal gut überblicken und
zusehen, wie die Kuhreiher vor Sonnenaufgang zu ihren
Futterplätzen fliegen, wie der Rauch aus den Häusern steigt,
zum Gebet aufgerufen wird und sich das rege Leben sanft
für den Tag entwickelt ... , nicht mit einem Alarmwecker,
sondern ganz von alleine ...

Und auch so wurde Wolf Zebra geweckt. Er lag da in dem
Federschlafsack aus Frankreich, in Montreal gekauft, auf
dem Dach in der Altstadt von Marrakesdi -Mrakech, so wie's
die Einheimischen aussprechen.
Um Viertel vor Vier fing der Gebeteaufrufer von der großen
Moschee an, im Gesang Allah zu preisen, Allah zu loben. Er
war der erste. Es hörte sich fast verliebt an, wie er da singend
Allah anpries. Die Sterne hörten genauso zu. So wie Wolf
Zebra, der sich nun ansah und die Stimme des Gebetsru-
fers hörte. Obwohl Zebra die Sprache nicht verstand, sagte
sie ihm, aus dem Sington heraushörend, dass Feinfühligkeit,
die Stärke, das Harte überdauerte, denn die Töne gleiteten
wieder in das Bewusstsein Zebras, der noch von dem Leben
in Berlin verhärtet war - und sie lockerten etwas in ihm, sie
förderten eine wohl gestimmte Aufmerksamkeit der Ruhe -
brachten etwas Ausgeglichenes in ihn hinein - ohne das er
sich recht bewusst war - darüber - wie es genau geschah ...
Und dann fingen auch die anderen Moscheensänger an ihre
Allah Loblieder zu singen, sodass die Stadt, die noch unter
dem tiefblauen Himmel mit Sternen in Ruhe lag, einzig
und allein vom musikalischen Aufruf zum Gebet vibrierte
... außer den anderen Vibrationen natürlich, die konstant
in Bewegung sind - und nicht gehört werden; sondern mit

feinsten Instrumenten gemessen werden ...

Und da es ja eine Wirklichkeitswahrheit ist, dass der Mensch jeweils von dem gesamten Klima eines Landes mit seinen Eindrücken, Mentalitäten und Ausflüssen beeinflusst wird, wurde auch Wolf Zebra innerlich zum stillen Teilhaber am Gebet - am Gespräch mit Gott. .. Und wer weiß wo das noch alles hinführen wird. Denn diese Marrrokkaner übertreiben ja hoch 8, sie lügen hoch 7 und sind oft noch so verspielt blöde, dass es dafür schon gar keine mathematische Formel mehr gibt, natürlich nur jene, die wirklich echt so sind und nicht die gesamte Bevölkerung ... Und religiöse Fanatiker sind jene, die andauernd in die Moscheen gehen, jene aber die für sich im Freien beten, sind tolerant und lassen dich sogar daran teilnehmen. Das kommt davon, dass große Gebäude automatisch das Gemüt des Menschen betonieren, wogegen im Freien nicht solche Kräfte, die beschränkend sind, wie viel menschlich Erbautes, existieren ...

Nachdem der Gesang stiller wurde und allmählich dahin wisperte - wie die Menschen, fingen die Hähne zu krähen an, erst einer, dann der und dann alle und nach denen die großen Schwärme Mauersegler, dann die Esel und Hunde. Bis dann war's heller und ein zart goldenes Licht im Osten und ein zartrosanes Licht im Westen leuchtete jeweils am Horizont. Und Wolf Zebra lag da und wurde auch wacher. Und zwei hellbraune Finken kamen angeflogen, setzten sich auf den Dachrand, schauten rüber zu Zebra, der ebenfalls erfreut zu ihnen schaute und der kleine Finke fink an zu Finken ...

Wir kennen dich Zebra, du kommst von West- Berlin, bist hier um Geschäfte zu machen und hast vergessen, welche Vision du hattest. Wir wissen auch, dass du in Berlin mit vielen Menschen in Kontakt kamst, gute Menschenkenntnisse haben solltest, aber das Gewirr der Stadtmenschen hat dich konfuser und aggressiver gemacht, härter und korrupter, du solltest eigentlich einen Durchblick haben, aber der ist verklebt worden durch die Biere, die Weine, die Filme, die Killmaschinen und Düsenjäger, den Gestank der Stadt und das Gift, das überall umsich greift   .

Ist es nicht so Piepsi, der andere Finke - nicht finkisch . Wir wollen dir nur hier in dieser Ruhe etwas über die menschliche Natur sagen, damit du endlich wach wirst, wir sind alle Geschöpfe des Einen - des Schöpfers - und verstehen uns alle ...wir sind Vorboten der Evolutions-Weitergebung ...

Zebra kraulte in seinen Haaren, die von den religiösen Fanatikern Schäm- dich- Haare genannt werden, zupfte einige alte heraus und hatte den Anschein in sich leuchten, der ihn glauben ließ, er sei der letzte Mensch in der Welt, der die wichtigsten weisen Zaubersprüche, der einzige sei, dessen Zaubersprüche mehr Wirkung habe als die Marktwerbungsidiotensprüche - und deshalb hatte er für sechs Millisekunden vollkommene Furchtlosigkeit ...
Aber die Finken zwitscherten, indem jeder von ihnen abwechselnd ein Wort zwitscherte und sie so zusammen Sätze und Sprüche formten. Die Problematik Zebra, ja wir wissen, dass du das Wort Problem nicht mehr hören willst, die Problematik, Zebra, mit den Menschen in Berlin ist nicht, dass man nicht weiß was gesagt werden sollte oder die argumentative Methode, die Argumentative, die, die Bedeutung klarer macht, kennt. Auch existiert es nicht wegen des Muts, um frei und furchtlos zu sein, seine Überzeugungen und

104

Kenntnisse zu zeigen. Das Schwere Zebra, das liegt in dem Wissen, die Mentalität des Menschen mit dem du sprichst, zu kennen und so den leichten, leichtesten Weg zu ihm zu finden ...

Wir Finken sind dein Erkenntnisvermögen, welches du vernebelt hast.

Jaja ihr Finken, das weiß ich doch schon seitdem Tarzan mit dem Gorilla kämpfte. Jaja, aber du hast ein SchweizerkäseGedächtnis - unter Vergrößerungsglasperspektive - mit riesigen Käseloch-Kraterlöchern ...

Jaja; das weiß ich doch schon, das ist das Matritzenverhältnis des hierarchisch aufgebauten Gedächtnisses.

Aber Zebra, höre weiter ...

Falls ein Mensch, zu dem du redest, nach links überzeugt ist und du redest von rechts, wird er schnell denken, du bist vulgär - und - er hält dich für nicht viel. Von der anderen Sicht: Wenn ein Mensch eine gesunde Mentalität für gesunde Profile hat und du fängst an von Idealismen zu quasseln, bist du bei ihm sofort eine unpraktische Person, mit der er nicht viel zu tun haben will .. , dann wenn einer sich so sieht, als ob er Prinzipien liebt - und ist innerlich aber hinter Profiten her - wie Nero, jeden Christen den er kreuzigen ließ - so zählte, als ob er einen Dollar mehr auf der römischen Weltbank aus Göttern hatte - und du aber anfängst von Prinzipien zu gröhlen, so wird er dir vortäuschen nahe zu stehen, Wird dich aber nie in sein Vertrauen nehmen. Wenn du zur gleichen Person von großen Profiten redest, wird er im Geheimen den Rat nehmen, aber äußerlich seine Distanz halten ..Solche Sachen musst du vor allem hell und wach im Bewusstsein mit dir tragen - wenn du mit Menschen zusammen kommst. ..

Jaja ich weiß, die Menschen sind so wie ich bin, sie haben den Kopf voller Ideen, Überzeugungen und Wissensbissen und bleiben auch meistens dabei hängen - jeder an seinem winzigen Teil des Erkannten, das dann sofort die ganze Wirklichkeit - die äußere und innere sein soll.

Es ist doch genauso in den Gefängnissen der Fabriken, ihren Büros, den Banken oder Polizeibüros, die das Symbol der Grauheit und Steinzeitmethode in sich tragen, insbesondere die Sozialämter, Arbeitsämter und anderen gesellschaftlichen Einrichtungen - auf welche die Gesellschaftspeoples doch so stolz sind ...

Nicht wahr.

Oft werden offizielle Angelegenheiten, wie zum Beispiel große Waffenlieferanten an dubiose Staatspersonen, die meistens dubios sind, wenn sie dort angelangt sind, insbesondere Generäle und Schauspieler, die doch sowieso Schau - spielen, die dafür bezahlt werden perfekt zu killen - und zwar legal mit Gesetzen und Wirtschaftsabkommen - oder Spionage wird am Volk betrieben, indem große Mengen Informationen von Professoren, die dafür auf Universitäten ausgebildet werden, gesammelt, um über jeden alles zu wissen und ihn manipulieren zu können - und noch viel Schlimmeres ... , das ist die Freiheit der Demonis, ehhhm, der Demokratie ...

Wenn du natürlich zeigst, dass du ja davon weißt und es an die Öffentlichkeit bringst, dann bist du in Gefahr, in großer, denn die haben demokratische Killmenschen, das ist Demokratie - und nicht Demokratie ist Demokratie, das ist nur ein Wort ...

Oder der Chef hat irgendwelche persönlichen Fehler und du

106

bist frei und ungezwungen mit deinen Ratschlägen, dann bist du auch in großer Gefahr - er wird es als Schläge mit einem Rad deuten ... Oder bevor du das Vertrauen dieser Person hast und du erzählst ihm alles, was du weißt und denkst - und bietest ihm deinen ganzen Rat - und er folgt dann deinem Rat, dann wird er dich verabscheuen falls er Erfolg hat, aber blöde ist - und wird Verdächtigungen haben, wenn er keinen Erfolg hatte, weil er blöde ist - und du bist wieder in Gefahr.

Genauso die Chefs, die sämtlichen Lob nur für sich nehmen. Wenn du ihm sagst, dass die gesamte Belegschaft, ja die Menschheit, ja die Natur, ja Gott - daran beteiligt ist, dann bist du bei der nächsten Lohnerhöhung dieser Gefängnisse auf Stufe Zero minus Zero.

Dann, wenn du mit Menschen zu viel redest, gehst du ihnen auf die dünnen Nerven, die sie heute haben, denn sie sind so dünn und so fein - die Menschen heute, dass sie keine 120 Pfund vertragen können. Die Menschen, sie wollen ihr Bier kippen, 'ne Show machen ... , wenn du aber zu wenig redest denken sie, dass du blöde bist - wie Henry Miller oft genug durchblicken ließ, der quasselte den Menschen auch voll Kacke - wenn's sein musste ... Die Problematik, lieber Wolf Zebra, liegt darin, dass es ziemlich leicht ist zu wissen, aber gar nicht so leicht ist einfach zu wissen, was du mit dem Wissen tun sollst. Jaja, brummte der Zebra innerlich Verdruss, spürend, dass die Finken ihm die Erfahrungen in Berlin noch lebhafter gemacht hatten und er nahm den Kieselstein neben ihm liegend und warf ihn nach den Vögeln, die aber schneller waren und auf einer TV-Antenne landeten, wogegen der Kieselstein den Mann, der unten auf der

107

schmalen Straße den Abfall des Abends, der einfach vor die
Tür gekippt wird, einsammelte, auf den Rücken fiel und
er zu fluchen anfing und er nach Kindern hinter der Ecke
Ausschau hielt, was die Katzen dann sofort ausnutzten, um
schnell noch einen Bissen zum Frühstück zu bekommen ...
Ihr müsst eben wissen, was ihr mit eurem Wissen anfangt,
rief Zebra den Finken zu ... , die aber ziemlich flatterig - und
nur davon, dass er einen an der Meise hatte, nein, an der
Möwe, nein, am Adler ...

Zebra war wieder wütend und unangenehme Gedanken und
Bilder stiegen in ihm auf, die er sorgfältig beobachtete und
sich wunderte, dass er solche Abläufe wieder in sich hatte. Sie
kamen ohne sein Zutun und Zebra wusste, dass er leicht den
Schlechtigkeiten dieser Ausbrüche zustimmen konnte und
damit anfangen würde, aus sich eine verkommene Person zu
machen, eine fiktive wohlbemerkt, denn nach Buddha gibt's
keine Persönlichkeit ,noch verseuchter als er schon war.
Und was war vor Buddha ... Die nicht persönliche Persönlichkeit, mensch. Als ob Worte den endgültigen Zustand der
Wahrheit erfassen könnten, ihr spinnt doch ... Aber dieser
innere Lebenslauf, er wollte Zebra davon überzeugen, dass
das Leben nicht lebenswert war und er lieber Kacke als Nah-
rung zu sich nehmen sollte, dass er die Lüge als Wahrheit
betrachten soll und sich kein Unterscheidungsvermögen an-
eignen soll, dass er die Menschen Hasse und alles zerstören
sollte, dass er nur noch sich und nichts anderes im Leben sehen solle, Frauen als Mösen betrachten soll und Männer als
potentiell Wahnsinnige, dass er aufhören soll weiter zu lernen, dass er ein Vollblut-Tier sei und erst gar nicht versuchen
soll irgend etwas mit aufzubauen, dass betrügen Tugend sei

und heucheln der König des gesellschaftlichen Egos, dass die Natur die Wälder, Berge und Seen, Insekten und Pflanzen keine Werte haben und alles immer nur zum Ausbeuten sei, dass er die Menschen anlächeln soll, aber denken müsse: ihr Arschlöcher, dass es beim Tod zu ende ist, ja, dass alles sowieso Tod ist - und die ganze andere Welt gegen ihn ist. Aber er wusste auch, dass er all dieses nicht war, denn er konnte all dieses Aufsteigende in aller Ruhe in ihm beobachten, die vielschichtigen Formen im Menschsein - und das rettete ihn wieder ... , er hatte sozusagen den Tod abgewiesen ... Und das war Stärke über den Tod.

Als Zebra sich die Zähne putzte kam Hanane strahlend ins Haus, aus dem neuen Haus, mit seiner Frau und den schnellen Kindern. Nach der traditionellen Begrüßung schimpfte er erst einmal die drei Schneider aus, die für wenig Geld auch noch ausgeschimpft werden - und deswegen noch mehr Angst hatten. Die Schneider, einer klapprig und besser schmächtig als der andere, erwiderten heftiges Wortgeschrei und danach fingen auch die großen Ameisen wieder an zu krabbeln. Aus der offenen Toilette kam zudem noch der beste Gestank.

Ich wünsche, sagte Hanane, dass diese stupiden Schneider endlich mal anfangen ihre Worte zu ihrem größten Vorteil zu benutzen, ohne jegliche Bedeutung und ohne Zusammenhang ...

Jaja, es ist besser Roboter oder Cyborgs zu haben, die machen hoffentlich immer das gleiche und nicht wie viele Marocs hier, die in ihren Geschäften ausgewählte Kleidung zeigen und wenn dann 200 Teile davon bestellt werden, eines wüster aussieht als die Fantasie eines Tausendfüßlers und die anderen auch solche unhallizionären Eigenschaften aufweisen. Es liegt in der Zeit, dass die Menschen hier lernen unschlodderig zu arbeiten und zwar mit der Geschwindigkeit eines Tachyons ...

Hast du schon gefrühstückt, fragte Hanane, so als ob er gerade dabei wäre zwei Atombomben auf die Schweiz zu werfen. Nein, nein, aber zwei Finken haben mich, zwei marokkanische Finken, mich geärgert. Lachend legte Hanane die Hand auf Zebras Schulter und wollte wissen was los ist. Zebra fing an zu erzählen ...

Da waren zwei Finken auf dem Dach da und sprachen zu mir. Sie sagten, ich hatte heute Nacht, wo keiner einen sehen konnte, ein Kamel geschossen. Dann aber doch Angst bekommen und es im Garten der Grand Moschee versteckt und freute mich über die guten Kamelsteaks und zukünftigen Tagines. Kurz darauf hätte ich aber vergessen, wo ich das Kamel versteckt hatte und fing an ca. 0,7% zu glauben, es muss alles ein LSD-Traum gewesen sein. Und so erzählte ich angeblich jedem in der Stadt ,und das sind 100tausende - den Traum. Mir ist jetzt noch ganz schwindelig davon. Aber einer von den Zuhörern nahm den Traum für wahr, suchte nach dem Kamel und fand es doch tatsächlich. Er brachte das Kamel nach hause zu seiner Frau und erzählte ihr: Da ist einer, der heißt Wolf Zebra, der hatte geträumt das er ein Kamel geschlossen hatte und vergessen hatte, wo er es versteckt hatte ,und hier - ich habe es gefunden. Er ist echt ein Träumer.

Mensch Ben Ali, Hasch-Ali, du musst ja selbst ein Traum gehabt haben, dass du den Wolf Zebra gesehen hast, der ein Kamel geschossen hat. Glaubst du echt, dass da ein echter

Wolf Zebra war. Das hört sich ja an wie ein Hundepferd. Aber nun hast du doch wirklich ein totes Kamel. So, dein Traum muss wahr gewesen sein, sagte seine Frau Fatima el Flatscho. Ich habe das tote Kamel gefunden, antwortete Ben Ali, Hasch-Ali, so, was soll dieses halbe Analysieren, ob er es oder ich geträumt habe. Nachts hatte Wolf Zebra dann einen Traum. Er träumte die echte Wahrheit des getöteten Kamels und seines Finders. Morgens, früh, kein Sprühregen, der Abfallmann mit breitem Grinsen auf dem Abfallhaufen nach essbarem Abfall suchend, ging Wolf Zebra, also ich, das erzählten mir die Finken, dann zu dem Finder des Kamels. Zebra hatte dann eine Auseinandersetzung mit ihm. Wir saßen nicht mehr auf dem selben Klo - und so musste ein Richter entscheiden. Ein Bakschi-Empfänger, wie viele hier in Maroc.

Stimmt, grinste Hanane Mohamed.
Wolf Zebra continuierte.
Der Richter sprach zu Wolf Zebra: Du hast wirklich ein Kamel getötet und dachtest es war ein Traum. Dann hattest du wirklich einen Traum und dachtest, es wäre Realität. Er hat das Kamel wirklich gefunden und hat nun diese Auseinandersetzung mit dir. Wollt ihr nicht wieder zusammen auf einem Klo sitzen. Dagegen weigere ich mich entschieden, rief ich, Zebra, dann angeblich. Aber seine Frau denkt, dass er geträumt hat, dass er ein Kamel gefunden hat, fuhr der Richter fort. Das, wie er berichtete, sogar von einem anderen abgeknallt worden sei. Somit hat wirklich keiner das Kamel geschossen. Seitdem wir das Kamel vor uns haben, könnt ihr es euch teilen. Und Hanane, hier kommt das Ulkigste, an der ganzen Geschichte, die zwar die Wahrheit war, aber

in den Büchern, das sind nur Worte auf Papier. Denn die Finken meinten doch sogar, diese Geschichte wurde eurem König Hassan Dö berichtet und es wurde gehört, wie er gesagt haben soll, als er im Jet von zwei Armee Jets attackiert wurde: Aha, träumt der Richter nicht weiter, indem er das Kamel teilen ließ.

Sag mal Hanane, was für Finken gibt's hier eigentlich. Hanane lächelte. Er wird auch bald seine Vorderzähne vermodern sehen. Solche Morgengeschichten sind Adrenalin für sein Adrenalin. Wahrheiten waren Inspiration für seine tierische Natur, die nun wie Engel und Tod zusammen wucherten, um den Tanz zu tun. Und die Frage nach dem Sinn und wofür, die stellst du dir selber und beantwortest sie auch sinnvoll, denn das hat ja was mit Sinn zu tun. Aber der Tanz Hananes war jedenfalls kein Kühlschrankwitz, kein ÖL aus Aggressions-Boxkampf-Sparring- Tanz. Hey Wolf, hey Wolf, rief er nun erfreut aus. Ich träumte, dass heute Nacht zwei Finken direkt in deine Fantasie flogen und dass sie mit dir von Menschenkenntnis sprachen ...

So endete, bei den Haaren der Welt, dieser Morgen mit Hanane und Wolf Zebra ...

Was, nun will ich das Buch beenden, das Licht ist zu dämmerig in diesem Zimmer, aber wenn ich mich anstrenge sieht diese Schreibfläche doch etwas heller aus, als sie mir vorher erschien.

Echtheit und Wahrheit blühen aus dem Sonnenlicht auf der Erde. Qualität und Güte - und das sind keine Idealismen oder glühende Illusionen - die der Welt sowieso keine reale Hilfe bringen - die himmlische Ordnung hat mir eine rosarote Brille aufgesetzt. In Echtheit und Wahrheit verdursten

Mensch und Tier und Pflanzen - in den echten und wahren blühenden Sonnenstrahlen. Die Eiszeit oder die Schmelzzeit. Infektionsbrutstätte oder kontinuierliche Infektion, weitergeben, weitergeben, weitergeben, weitergeben, weitergeben, geben, Geben von gesunden Infektionen ...

Sind sie Arzt. Nein Doktor.

Also sind sie Klempnerpilleur. Ja so ungefähr.

Also, Wolf Zebra hat vor kurzem die Hälfte eines 25 Dirham Haschkookies gegessen, es wurde ihm zwar gesagt, dass er nur 1/4 nehmen sollte - wegen der Wirkung, aber der Zebra überließ es dem rapiden Raupensuchtgeschwindigkeitsimpuls, um anders zu entscheiden.

Mal sehen was kommen wird.

Vor sechs Jahren hatte Wolf Zebra, als Richard Brautigan dabei war ein Bach zu kaufen und Hanane eine finanzielle Narkose hatte, mit seinem Auto und der Frau, von der er jetzt getrennt ist, legal vor der Öffentlichkeit, die du, ich und alles schon immer war, als, so wie sie ist und sein wird, eben öffentlich. Was hatte er nochmal vor sechs Jahren ? Doch Gesetze in ihnen wollen nicht das Freisein verbieten, sondern schützen. Ein jedes auf seine Persönlichkeit bedacht und mit dem Menschen Blindekuh spielend.

Was ist los mit dir, fragte Hanane dann, ich habe eine finanzielle Narkose, so wie du vor kurzem geschrieben hast. Du kannst mir kein Geld geben, so wie ich's fantasiert habe. Was ist los mit dieser Fantasie, ist sie nun ein Lichtstrahl der großen Wahrheit im Auffinden von Fantasiewahrheiten - oder ist sie ohne Elektrizität.

Ahhh, dieser Haschkeks ist eine leichte Erwärmung in der Stirne und viel Geplapper.

Fing ich nicht vorhin an zu erzählen, wie damals meine Frau und ich im schönen Mirleft, an der Südküste Marocs, angeblich eine 3 - Gramm - pro - Person - Haschmenge im Keks gegessen hatten.

Theo der Stereosexuellemonosexer, der Liebeskummer hatte weil sein Geliebter nach zehn jährigem Zusammensein allein nach Amsterdam gefahren war, wegen der Nichtverlängerung des Marocvisums. Also der Theo war Koch - und dem zu trauen - mit dem Grammsverteilen, mhhm, später schleppte ich mich zum VW-Bus, die Frau nicht so schleppend, ich war überwältigt. Theos Gesicht hatte sich zuvor in eine für mich teuflische Grimasse verändert - als er sich anfing flach zu legen - zurzeit als das Gewürz Hasch zu wirken anfing.

Im Bus lag ich dann flach auf dem Rücken und schaffte mit Mühe mich daran zu erinnern, nach langer Zeit, wo der Lichtschalter in der Ecke des Autos sei. Und es war und dauerte nochmal so lange bis ich den Arm hoch bekam, um das Licht anzuschalten.

Innerlich war ich auf einer Reise, durch welche unter anderem das Brüllen eines Löwen oder eines Gorillas zu hören war - und dann war ich selbst diese Tierwesen. Einmal sah ich wie ich als Gorilla mich sehr schnell ins All von der Erde bewegte, immer größer werdend und alles war so echt.

Doch unangenehm und nun doch lustig musste ich mich mehrmals, ungefähr dreizehnmal oder so, aus dem Auto begeben, um mich draußen im Dunkeln zu übergeben. Das war eine Prozedur, aber beim zweiten und mehreren Male lachte ich noch während des Erbrechens, weil es sowieso organisches Freilassen war. Und anstatt an den Schmerzen teilzunehmen oder überhaupt am Erbrechen, mich darüber lachend belustigte. Aber die letzten acht oder so Male, als nichts mehr zu erbrechen war und der Magen sich wohl selbst zeigen wollte, da ging's mir übel, ich dachte nicht nur, ich ersticke oder erwürge, sondern ich war teilweise am Abwürgen.

Jedenfalls habe ich eine komplette Beschreibung davon in meinen Tagebüchern, die Jetzt bei meinen Eltern im Keller in Heiligenhaus schlummern.

Nachdem ich die letzten vier Male zum eigenen Abwürgen nach draußen, auf den Weg am Haus, im Dunkeln gegangen war, im Torkelgang, hatte es sich nämlich in der Dorfgegend schon herumgesprochen, sämtlich viele Hunde - zehn oder mehr - warteten jetzt auf mich, sie, sie schauten mich wartend an, damit ich ihnen was Neues erbreche, denn die anderen bebrochenen Stellen hatten sie fein säuberlich abgeleckt ... Ob die wohl später genau-so überraschend und erwartend von Mäusen angestarrt wurden - so wie die Hunde mich immer anstarrten, denn ausgestoned würden die Hunde doch wohl auch werden. Nur die plötzliche sanfte Stimme der Frau brachte mich dazu aufzuhören, weil es der Frau nun zu unheimlich war - und auch sie den Lichtschalter nicht finden konnte - und das brachte den gesamten konzentrierten Weltfrieden wieder zu mir und zu ihr und wir wurden wieder nüchtern, wodurch das Halluzimöse in die Vergangenheit trieb, in die Vergangenheit der Tierwelt- Erfahrung, die in meiner DNS-Struktur verankert war, mit welcher wir andauernd in Verbindung sind, als Menschenwesen, aus der ich aber sofort die Richtigkeit des Evolutionsgedanken erkennen konnte. Und das ist eine durchaus feine Sache.

Welche Spezies wird Der oder Das sein, das später mal den Menschen so sieht, so wie die Menschen den Affen heute sehen ... werden wir Menschen immer die - angeblich - höchsten Beobachter sein. Nein ... denn der Abspaltungsprozess andersartig Lebender und sich entwickelnder Prozesse ist nun genauso akut wie eh und je, weil ja alles konstant im Verwandlungsprozess ist und seicht und grob voran schreitet, ganz ohne die jedwede Zustimmung oder nicht. Es wird wohl die Atomgenetikerfanatiker geben ... , die dann später in Atombunkern leben wollen und sich an atomarer Kost laben und nicht die Fähigkeit haben Salate zu essen, dafür aber Vorliebe für Rohöle zeigen. Dann wird's die Abgaseconnesore geben, sie haben Küchenabgasherde, aus denen Kohlendioxyde und Brennstoffreste als solche produziert werden und sie werben in der Öffentlichkeit für Carbosol, als den Weg gesund und genießend zu leben. Dazu gehören jetzt schon die Suchtraucher ...

Dann wird's die Arbeitsfanatiker geben, sie werden die wirren Irren der Produkterzeugungsfanatik sein, sie werden schließlich nur noch in Neon belichteten Büros leben und Schreibmaschinenbänder, verbrauchte, zu schmackhaften Salaten bereiten, welche sie sich dann über ihre schnell alternden Häute legen, um nicht so bleichsüchtig auszusehen! Und alle werden sie zur Gruppe der Affenmenschen gehören ... eine höhere Form der erniedrigten Verfallensstruktur vom Menschsein zum Tiersein.

Aber Affen haben keine Atombomben gebaut. Sie unterstützen auch keine Armeeeen mit Berufssoldaten. Sie haben nicht die Luftverpestung erzeugt. Sie haben auch nicht daran teilgenommen sogenannte Bildung und Kulturen zu

116

erzeugen, welche die Gewässer verpesten. Sie machten aus der Erde auch keine Müllgrube. Weder noch haben sie dogmatische Lügenschriften verbreitet - oder Massenmorde fabriziert. Sie sind auch nicht, an was sich Demokratie und als Dämonkratie zeigt, am arbeiten. Und vieles vieles mehr ...

Und somit erscheint ein Affe als ein Wesen der höheren Entwicklung, weil er ja den aggressiven Materialismus nicht entwickelte. Somit ist der, welcher als Affe bezeichnet wird, gar kein Affe. Oder - wenn er einer ist - ist er eher ein Engel.

Und die Menschen und die Saurier und die Kreidezeit und die, die zillionen Jahre und vor einer Billion und ein Zillionstel. Oder eine Billion von einem Billionstel Kilometer. Ein Zentimeter in einer Sekunde oder zwölf Jahren. Unser Körper hat seine eigene Zeit. Ja und was ist Zeit. Zeit ist mit sämtlichen Erklärungen von verschiedenen Ebenen, ob relativen oder im Kreislauf der ablaufenden Bewegungen, ein Sprung von einem Stein zum anderen, dennoch nicht Zeit, denn das ist nur das Wort dafür. Aber auf jeden Fall ist Zeit etwas Schönes und Feines, etwas sehr sehr Feines, weil sie sich nicht so leicht degenerieren lässt und wohl zu den Gesundheits-Sein-Ebenen gehört, weil sie immer anwesend ist - mit oder ohne Menschen.

Ob du lebst oder im Astralkörper lebst, ob du schon die feinstofflichen Geisterwelten bewohnst - oder ob du andauernd im Suff bist, Zeit ist immer gleich und wird es auch immer bleiben, weil die sogenannten Abläufe der Zeit, ob in einer anderen Galaxe oder ob hier beim Umkreisen der rollenden, runden, bunten Erde um die Sonne, immer die gleiche Zeit haben, auch wenn die Wissenschaftler sagen, Licht wird mit um die 300.000 Kilometer pro Sekunde bewegt - und ein

Fahrradfahrer fährt mit ungefähr anderer Geschwindigkeit, denn das ist ja keine Zeit - sondern Bewegung in der Zeit. Denn du kannst mit zigtausend Kilometern jeden Tag deine Taten vollbringen, dennoch wirst du so alt wie die Zeit jene Bewegung verarbeitet.

Wenn du ein Hektikleben lebst, wirst du meistens sehr jung alt werden. Wenn du ein meditatives Leben lebst, wirst du des Öfteren sehr alt werden. Somit hat jeder Körper seine Geschwindigkeits-Altwerdenstruktur in sich ,und wer nicht den richtigen Gashebel - richtig für die optimalste Geschwindigkeit aus pendelt - der versinkt ,oder er verbrennt. Das gilt für das alt Jungwerden ... , Rockmusiker, als momentan geläufigste und Bekannteste globale Beispiele ...

Und weil unser Körper seine eigene Zeit hat, entsteht daraus die geistige Empfänglichkeit des Empfangens und des Sendens mit den uns innewohnenden Empfängern und Sendern.

Und was senden wir heute.

Außer unserer Sendung, der menschlichen, sendet uns die Natur sehr vieles. Die Bäume, was senden sie uns, was sagen sie uns. Wie sehen uns die Flüsse. Und die Vögel, was halten sie vom Menschen. Der Bär oder der Elefant und der Tiger und die Gottesanbeterin. Was hält die Erde vom Menschen, von der menschlichen Zivilisation. Das Wort hört sich so nach - ziemt sich nicht - an und so nach Sensation. Und nach chemikalischen Mentalitäten und auch nach rigiden Strukturen, also einer Struktur der Illusion, jemand hätte da etwas Rigides im Schädel. Wohl einer der nicht klar kam, jemand der Männerweltkriegskunst-killmechaniken entwickelt und auch für bildend in der Gesellschaft, den Kindern solche Entwicklungen weitergibt, auf jeden Fall, jemand der Illusionen als Wahrheiten vermarktete ...

Und was nimmt die Atmosphäre so von den hoch zivilisierten Hochzivilisations - Massenkommunikationen in der Sphäre auf - was hört sie und was weiß sie von den Korruptionen im Staatswesen der Länder, der Erde ... Nur zu schade, dass die Menschen die Fähigkeit der Kommunikation mit der Natur und ihren Wesen nicht kennen. Vielleicht hätten sie ja dann schon vor sehr langer Zeit angefangen, andere Ebenen der schwungvollen Schwingungswelt zu beachten ... , aber die Keule in der Hand oder die Raketen in der Erde waren schon immer ,oder nicht - ein Zeichen von Stärke - und Stärke ist doch besser als Leben - oder...

Hat der Mensch, der sich der Ver-Antwortliche nennt, nur noch diese Art von Energie im Sinn.

Oder gibt es andere Energiequellen. Quellen, die sogar seine Sinne reinigen und Ihn wieder klar machen und ihm ein größeres Unterscheidungsvermögen mit friedlichen Entwicklungen zum Leben zeigt - und vor allem eine Entwicklung mit mehr Sinn zum Leben - und nicht diese Staatenproletenprotzer der Machtanbetung, in die sie sich hineinkatapultiert haben, die durch Universitätsbildung meinten, sie könnten wirkliche Wirklichkeiten erkennen ... die Tölpel. Und es gibt Erdbeben und Wolkenbeben und eines Tages werden die Massen auch wieder anfangen zu beben. Und die Vulkane sind keine Götter - oder der Ausbruch Gottes selber, denn gerade darauf baut sich die Macht und der Wahn der Staaten auf - auf Feuer und auf Beben, auf Zerstören und zerstört werden ,das ist nicht Gott.

Und weil wir die Vulkane ziemlich in Ruhe lassen, werden

die anderen Erdgeschöpfe, wie Flüsse zutiefst empört, einfach kein gutes Wasser mehr, in denen die Menschen frei herumschwimmen können, ohne das der große weiße Hai gleich kommt und einem die Beine abschnappt. Dies war ein schöpferisch kreativer Satz, der verschiedene Kommunikationsebenen zusammenbringt und somit konzentrierte Kommunikation und Anregung ist für den, der wissen will, wie ich einfach so Vulkane und Erdgeschöpfe und Wasser und Haie in Verbindung setze ... , aber alles ist ja sowieso in Verbindung ...

Und die Logik ist nicht nur mathematisch verbindend. Im Sinne, wenn jenes so ist, ist jenes so, sondern die Logik ist auch irrational logisch, denn der Mensch, der das Irrationale Wort schaffte, der war hoffentlich keine bleierne Ente im Sinne von irrational. Pfui, das stinkt, das darf nicht sein, das ist verboten ... , aber schließlich haben die Menschen die Welt nicht geschaffen ... , auch nicht ihre eigene - wie sie's oft gerne hätten - denn die, welche das glauben zu wissen, die sind zu oberflächliche Kreaturen und haben keinen Tiefenblick für das schon längst Da gewesene ... , so wie wir auch schon immer Da waren ...

Ende dieser Durchsage.

Aber die westliche Welt ist doch ein schönerer Garten. Dagegen ist die vom Lenin und vom Marx beeinflusste Welt, ein nicht so schöner Garten, obwohl der Erdteil sehr sehr schön ist. Doch überall wächst noch zu viel Unkraut. Warum das wohl wächst während es wächst. Und Unkraut wächst nicht immer. Nur solange es Menschen gibt. Also schnell kein Mensch mehr sein wollen. Aber die Paradiesvögel und in sprachlicher Verwandtschaft die Bienenfresser, aber nicht zu verwechseln mit den Sonnenfischen - die nennen es dann - falls sie es überhaupt benennen wollen?

Wie nennen sie es denn?

Der Morgen ist also eröffnet worden. Vom Morgenöffner. Nein nein, es war ein chemischer Prozess. Nein, seit Ewigkeiten ist es so gewesen. Der Mensch kommt so weit.

Die runde Erde auch - und nicht weiter. Genauso die Sonne und die Verbesserung.

Sie musste anstatt Verbesserung so sein wie sie ist. Deshalb ist Verbesserung immer eine Täuschung. Oder eine Täuschung, dass das Leben Verbesserung und nicht auch Verschlechterung ist. Aber Verbesserung ist ja nicht das Leben - oder der Mensch. Es gibt auch Besseres. Zum Beispiel. Verschlechterung zum Besseren und von da zum besseren Besten.

Deswegen gibt's nur immer das Beste vom Schlechtesten und das Schlechteste vom Besten. Und die Logik aus dieser Schrankenlüftung ist dann, ob wir mehr Fisch oder Luft, irgendeiner wird irgendwann mal anders werden ,und das braucht keinen Grund mehr zum Grund nach den nach außen gerichteten Veränderungen unter Zwängen zu sein. Wenn sich ...

Obwohl da Frieden drin liegt, liegt da auch viel ... , Moment, ich habe vergessen wovon ich überhaupt schreibe von Marrakech und seinen Eindrücken auf mich, Wolf Zebra.

Und die Bedeutung, aus der ein Sinn für die gesellschaftliche Fähigkeit erscheinen soll, internationale, also nationale im Sinne von der Einheit der Menschheit, der Völker - und der Einheit allen Seins in seiner Vielfalt, einer Bedeutung aus der erkannt wird, dass ein Mensch aus Nordeuropa hier in Nordafrika leben kann wenn er will - und schöpferisch tätig für die Einheit der Menschen, für friedliche Zwecke lebt - und Versuche macht, sie zu verwirklichen, die Ideen in ihm von der globalen Kommunikation ... Der Laotse meinte ja, es wäre besser wenn die Menschen nicht so viel reisen würden, sondern wenn sie sich im Stillen im eigenen Lande entwickeln. Aber was der Laotse sagt ist nicht der einzige Logos als solcher. Auch wenn das, was er sagt, sehr sehr wahr und fein ist, dennoch ist das Denken nicht die Wahrheit - und die Wahrheit ist nicht die Erleuchtung - und die Erleuchtung ist nicht das, was endgültig in den menschlichen Köpfen surrt. Doch wenn es das sein würde, wäre das, was uns umgibt, nicht so groß. Somit ist die Erleuchtung wohl ein Mantel, der dich im Winter wärmen kann - und die Wahrheit ist der Wegweiser, der dich in der Wüste zum Wasserloch bringt. Aber die Ganzheit, sie ist zu groß, um sich mit dem Menschlichen einfach zu begnügen - und sie wirkt erst, wenn der Mensch das erkennt, dass die Umwelt der Weg nach innen und nach außen ist. Nämlich ansonsten wären wir doch aquatische Wesen geblieben - und daraus zeigt sich die Entwicklung in die Außenwelt hinein, die nicht nur grobstofflich ist, sondern feinstofflich - bis zu geistigen und götterhaften Seinsweisen. Und wer weiß das schon, womöglich hin zu Gott, zur Kraft und wieder zurück zum Meer und zum Schwimmen.

Mhhm ... , vielleicht wirkt dieses Gebäck doch noch. Wer ist hier Niemand.

Wer war der erste Niemand - wer der letzte.

Absacken der gesellschaftlichen Spinnerei - von einer Hierarchie überhaupt. Diejenigen, die so denken, aus der Vorstellung oder dem Idealismus oder aus dem, was als Realität angesehen ist oder sogar Naturerkenntnisse, sehen nicht die Einheit in Allem - und da gibt ja es keine Hierarchie, sondern nur Zusammenarbeit.

Und was ist mit Katzen, die sich nachts die Gesichter vollfauchen und tagsüber, die Ohren zerfetzen.

Es ist an der Zeit tägliches Reinigungsgeld für die viel öfter schmutziger werdenden Haare und die immer teuerer werdenden Shampoos vom Staat zu verlangen. Auch wird die Kleidung viel leichter verschmutzt und die Fensterscheiben müssen öfter gereinigt werden. Die Atemorgane verkleben leichter durch das Atmen der dreckigen Luft, die vom Staat ja erlaubt wird. Der ist also auch verantwortlich und muss deswegen bluten, weil er so fahrlässig mit den Staatsbürgern umgeht ... und so weiter.

Freie Gasmasken und freie öffentliche Kleidungsstücke. Die Kleidung muss aber Gift undurchlässig sein. Für jeden Schritt den die Menschen in die verseuchte Umgebung von Fabriken und anderen Industrieanlagen machen, muss eine Extravergütung gezahlt werden. Wegen der höheren Sterbegefahr, überhaupt als Gefahrenzulage, wegen öffentlich erlaubtem Vergiften. Ansonsten sollen die Menschen 30.000 Mark Stundenlohn bekommen und auf jeden Fall auch Diätgelder und weitere Unterstützungen, hinsichtlich bis zum 50sten Lebensjahr arbeiten und dann Bürgerbeamtenrentengelder bekommen. Auch sind weitere Vergütungen, sozusagen öffentliche Schmiergelder-Kataloge unter den Bürgern zu verteilen, damit das was ein Volk als Ganzes, was es ja sein soll, oder nicht - es geht doch um's Nationale, ja, hoch bis zum internationalen Nationalen der Vereinigung der Menschheit. Als solches, das eben die Staatsmenschen, die ja

keine Volksmenschen mehr sind, kann das stimmen. Nein, von beiden Seiten nicht, auch wenn's gedanklich versucht wird vielen Menschen zu suggerieren. Also diese Staatsapparatemenschen, die mit Vorliebe das Bruttosozialgesamteinkommen eines Volkes - und darin sind alle Länder der Erde gleich - in Waffenproduktionen und in Raketen und in Prestigeprodukten, wie Atomreaktoren, verschleudern, anstatt dem Gesamtheitsmenschlichkeitsverlangen von einer globalen Friedens-Freiheit nachzukommen. Diese Menschen, die offensichtlich zum schizophrenen Teil der wahnsinnigen verantwortungslosen Menschheit gehören, wie's die Geschichte schon immer gezeigt hat, die auf euch Arbeiter, auf euch Büromenschen, auf euch Künstler und auf euch Friedenskatalysatoren, mit dem Blick der Macht und der Sicherheit der gewählten Position herunterschauen und im Inneren über euch lächeln, ja sogar von euch nicht sehr viel halten, weil euer intellektuelles Niveau sowieso nicht von Bedeutung ist. Und das im Angesicht der Situation, welche die Armeen und die Unterstützer der Armeen, die irren Fabrikanten, die süchtigen Doktoren, die blinden gierigen Rechtsanwälte, die schon fast mit Sicherheit verkalkten Richter ‚wer heutzutage die Bleichgesichter der Richter erkennt und ihren Mitarbeiterstab, das ganze Drumherum, die verstaubten Büros, die Akten, die verseuchten Gesichter in den unfreundlichen Umgebungen arbeitet - und sich mit solchen Sachen beschäftigt das der innerlich genauso verstaubt und unfreundlich und morbide ist - und es aber gar nicht mehr erkennen kann ...
Und dann soll noch, objektiv sozusagen, gerichtet werden ... „richte nicht und auch du wirst nicht gerichtet". Also, es ist mitten in diesem Chaos der Manipulation und Ausnutzung

124

der großen Menschenmassen, dass die große Ich-Seuche sich monumental verbreitet ... , die Ichseuche, die Unfähigkeit zu beurteilen, weil immer das Ich dazwischen steht ... Und es darf nicht vergessen werden, dass die Menschen, die sich um die höchsten Ämter bemühen und die größten Stars sind, dass jene Menschen zugleich auch die größten Raubmenschen sind. Sie sind die vollblütigsten Aggressoren - deswegen auch das Aufrüsten, deswegen auch die Kriege, deswegen auch Atombomben u.s.w. - und das Schlimme daran ist auch noch, dass sie ja ohne diese Wutkraft in ihnen gar nicht mehr echt existieren können, weil das ihre Sucht ist ... , aber die Sache geht noch weiter ... im Volk gibt es wohl kaum bessere Menschen für solche Positionen. Und deswegen sind solche Positionen weltweit unerwünscht, denn die globale Menschheit kann sehr gut ohne diese wirren Irren existieren, genauso wie sie ohne wirre irre Kaiser existieren kann - und dabei sogar noch besser lebt.

Deswegen müssen die Menschen versuchen die Internationalheit zum Blühen zu bringen - die Grenzen abbauen und erkennen können, dass kein Volk und kein Land ein anderes Land bemächtigen will und das sämtliche hochgestochenen Staatspositionen dadurch nullifiziert werden.

Später werden mehr Materialien zu dieser Erkenntnis gebracht. Zuerst zurück zur außermenschlichen Wirklichkeit, weil die größer und älter ist - und darüber braucht sich niemand den Kopf zu zerbrechen. Denn wir sind ja möglicherweise in Allem. Weil alles so ist. Auch wenn wir noch ziemlich lange von vielem Guten sehr weit weg sein werden wir sind sozusagen embryonal. Das ist immer so und ist kein Grund zur Beunruhigung. Aber in Alles ist auch Vieles und deshalb sind wir von vielem nicht sehr weit weg, weil alles immer so sein wird. Konstant, haha, in Verbindung mit Allem, auch wenn's für manche nicht so zu sein scheint, auch was so nicht gesehen oder gefühlt wird. Na und, wer bringt mir jetzt die Walnüsse und das Wasser, denn es wird sehr heiß in diesem Zimmer ...

Und wenn die Sonne auf die Sahara sengt und dir die Haare verschmort oder die Luft verbrennt ... ,

Jaja, auch dann.

Was ist sonst noch erfreulich. Erfreulich war das Hanane und Zebra nun das Haus verließen. Draußen waren die bunten Kinder mit glänzenden Augen begeistert am Herumspielen und zwar mit einer alten Pflanzenölflasche aus ehemaligem Rohöl.

Wenn ich älter bin und wieder leichter zu begeistern bin, dann werde ich auch auf dem Champs Elysees mit Plastikflaschen begeistert spielen, dachte sich Hanane so einfach, als er schaute.

Sie gingen über die ausgetretenen Sandwege, die vollbelastet mit Dreck waren und an den Ecken vorbeikommend, roch es fantastisch nach Pisse und Erdwerdungsdung. Manchmal lagen da auch bettelnde Menschen, Alte, Blinde oder Verrückte, Kranke mit Schaum vor dem Mund. Sie lagen auf dem Boden ohne Berberteppiche unter ihnen, die ihre Geschwülste dort auslaufen ließen, auch ohne Lippenstiftfarbe auf ihren ausgetrockneten Lippen, auf denen mit Vorliebe die Fliegen ihre internationalen Landeplätze hatten. Eine Jumbofliege in Grün hatte Schwierigkeiten auf der Nasenspitze zu landen, sie landete auf dem Zeh der alten Blinden.

Und überall murrten sie dann noch alle Allah, Allah, Allah, Allah ... und was gab Allah ihnen ... einige Pfennige, einige Blicke, Verneigungen, Elend und Fliegen auf dem Mund und den Zehen ...

Einmal sagte Hanane: siehst du den da vorne Zebra, der müsste eingesperrt werden. Warum, fragte dann Zebra etwas wirr. Weil Fliegen auf ihm landen wollten ohne zu bezahlen. Was hat er da gemacht Mohamed. Er wird eine Frau vergewaltigen, rief Hanane mysteriöser. Was, ach komm, hast du Weitsicht oder bist du ein telepathischer adepter Gnom, woher weißt du das Hanane. Er hat das Organ zur Vergewaltigung, meinte Hanane lächelnd. Zebra musste dann auch lächeln und sprach den Mann vor ihnen sofort frei.
Jaja, ist es nicht fantastisch. Hier in diesem Ort, dieser Stadt komme ich mir so vor, als ob ich in einem ausgestopften dicken Bambuswald bin, mit echten Steinen und einzelnen Buden. Wenn ich hier so durch das mohammedanische 14. Jahrhundert spaziere, ist mir so, als ob ich in Gedanken gerettet bin und die meisten Menschen fragen mich dann des Öfteren, ob ich Amerikaner sei oder Deutscher, einige rufen dann auch, fick deine Mutter, mit Gift in der Stimme. Denn sie können nicht ausklabüstern was ich so tue - und das macht sie so wütend und giftiger, als ich es jemals war, sein wollte und hoffentlich, auch nie werde.

Oft ,gehe ich dann zum Fluss, der direkt neben dem Hotel Marrakech her fließt, welches auch direkt am Atlantik ist. Dort stehe ich dann und schaue mir das Wühlen und Schmatzen der Wellen an. Aber meistens stehe ich dort starr, ohne Gedanken, abwesend von all dem Geist und Gegeister der Elemente. Und dann fällt mir ein, dass wohl deswegen dem Idioten, dem besten in Berlin, seine Gemälde solche Oberflächentiefe und Schlappkraft haben, schon fast gleich der Fähigkeit des Schöpfers. Und wenn ich das dann glaube, dann wird mir auch klar, dass ich genauso irr und wirr bin zu denken, dass einer fast gleich der Fähigkeit des Schöpfenden sein könnte. Aber klarer wird mir dann noch, dass nur derjenige, der das optimalste Schöpfen beherrscht - oder kann, auch die optimalste Schöpfkraft entwickeln kann. Und so wird's dann auch meistens mit dem Idioten in Berlin. Und es gibt mehrere von denen dort in Berlin, die sogar staatlich monatlich unterstützt werden ... , das sind Schlappwürste ...

Hanane murmelte wieder - Ja. Er sagt oft zu allem Ja. Immer auch, wenn er nicht zugehört hat - Ja. Auch wenn er nichts verstanden hat - Ja. Ja, das ist Kommunikation als top underständing.

Oft Komme ich mir vor, als ob ich eine Holzfigur aus Rohölplastik werde. Ich habe so viel gelesen und kaum etwas durchdacht, meinte Zebra, wieder von der Sonne beknabbert zu werden.
Was hältst du davon, Hanane. Ja, ja ... ja ... stimmt, du musst vorsichtig denen gegenüber sein, die nur wenige Worte benutzen ... , aber auch vorsichtig vor denen, die sich ehrgeizig, also die geizen mit der Ehre für andere, die wollen nur für sich - und unbedingt deine Freunde sein wollen. Jaja, antwortete Wolf Zebra dann unhypnotisch, voller Grasduft in der Fantasie. So, wir trennen uns hier, meinte Hanane. Ich gehe zur Färberei. Was willst du machen. Ich gehe einen Joghurt essen und ein gekochtes Ei. Ok, wir treffen uns um

drei in der Färberei.

Und nicht wie ein Gentleman, der die Worte und den Willen Gottes fürchtete - oder mächtige Menschen - oder die Worte der Prediger - oder Weisen - trampelte Zebra durch die bunten Gassen, sondern angstlos und frei. Hasch, flüsterte eine verführerische Stimme, Hasch, komm hier entlang Mister Businessman. Augenblick, Hasch, hey du, nix Hasch, vielleicht Orangensaft. Dann die Eselskarren voller stinkender Ziegenfelle. Wieder eine andere Stimme, willst du gefickt werden, dreißig Dirhams, komm hier entlang, nur dreißig Dirhams, komm. Nein, ich will nicht dein Arschlochfreund sein, fick dich selbst. Ehhh, mannn, sei nicht so aggressiv, bist du denn kein Hippie, rief der Marokkaner.

Manche von denen wurden auch rabiater, wenn sie auf Wolf Zebra zukamen und ihn befragten und ihn betätschelten, ohne aufhören zu wollen oder ihn weggehen zu lassen.

Einmal sagte Zebra zu einem Marokkaner: wenn du nicht sofort verschwindest, haue ich dir diese Faust in die Fresse ... Er verschwand sofort fluchend, scheiß Deutscher rufend - und heil Hitler. Leicht konnte gesehen werden, dass der nicht nur ein Reaktionär war, sondern auch noch tonnenweise stupide ...

Stimmt, die Romantik zeigt sich in vielen Farben und ich bin keine lustige Fiktion, du Gerippe von Gedankenkonstruktion.

Am Joghurtstand dann angekommen, bestellte sich Zebra einen frisch gemachten Joghurt. Der Mann hinter'm Stand kannte ihn noch vom letzten Jahr. Zebra setzte sich auf einen Teil der Holzbank, die im Schatten stand. Der Joghurt war so gut - wie Buttermilch mit frischem Sauerampfer.

Ein ausgestonter Holländer saß schon da auf der Bank und sonnte sich seine verfaulten Zähne braun, ohne Zinsen zu bekommen. Vielleicht hatte er auch keine Kraft mehr seinen Unterkiefer hoch zuhalten, denn Hasch kann auch in der Hitze schlapp machen. Der Holländer roch nicht nach altem Edamer. In seinem Gesicht war das Herz eines Reisenden versteckt, zwischen den Falten. Einer der nachts dem Mond seine Sorgen erzählt und den Nachtkäfern seine Entschuldigungen vorlabert. Daraus könne gedeutet werden, dass er im Konflikt stehe ... wenn er doch bloß daraus aussteigen könnte. Entweder wollte er in der Welt mitmachen - oder sich das größte Adieu vor-fiktieren ... , das ist ja auch der Konflikt zwischen Erfolg und Misterfolg ... oder die Verpflichtung zur Welt - oder nur seine eigene Seele aus Fantasie und wirklichkeits - wirklicher Fantasie zu retten.

Und dann kam Aztl Werther.

Er setzte sich gegenüber von Wolf Zebra. Der Holländer ging. Der Aztl saß nun da ...

Als Wolf Zebra aufschaute, schaute er in ein Gesicht, das sein Gesicht war. Er sah einen Menschen, der er selbst war. Bloß dieser andere Selbst, der er war, hatte eine Rose in der Hand und Wolf Zebra einen angeleckten Teelöffel.

Zebra wurde spontaaaan hellwach.

Doch einige Millisekunden lang versuchte er zu verstehen, ob das nur ein Traumleben ohne Hemmung, Verlangsamung und Abschwächung war - oder ob das hier Wachbewusstsein mit dem betörenden Duft der Mopeds, dem jauchzenden Gekreische der Hupen - oder 05 das nun ein Wegweiser zum Lächeln sei ...

Ich bin Aztl Werther, sagte er mit feiner Stimme. Ich bin

gekommen, um mir deine Sorgen anzuhören. Und um dich in der Kunst deines vernachlässigten Sandkasten-buddelns zu unterweisen, fange an dich freizusprechen Wolf Zebra. Und fürchte dich nicht, denn ich bin dein Hirte mit ner Horde mechanischer Schaaafe und deswegen bin ich auch dein Verkehrsschild.

Und Wolf Zebra beklagte sich über die Staaten und Länder, wo jeder Schritt von Geheimpolizisten bewacht ist ,und die Blicke auch. Er beschwerte sich über die Massenmedien, wie sie die Kommunikation blockierten und die Gedanken kontrollierten. Er sah keinen Sinn zu arbeiten, Steuern zu zahlen und zuzusehen wie in den Ländern an seinem und an allen anderen Zerstörungen gebaut wurde. Wie ein Düsenjäger 70 Millionen kostet und die ganze Wartung und Munition. Und wie für das Verschönern der Städte winzige Teile übrig waren. Er sah nicht den Sinn der Zerstörung und Gewalt in den Ländern - auf der Erde. Er hatte etwas gegen den Zwang der Armeen, gegen Soldaten überhaupt, ihre Irre, ihren Blockierten Kurzblick, ihre Stupormasse der Akzeptierung, gegen das Heldentum der Helden, die meistens gute Massenmörder waren - sie sind sozusagen die besten Umbringer. Er hatte was gegen die alten vollgefressenen System Unterstützer, auf der ganzen Erde, in sämtlichen Ländern, die Illegalitäten, wie die Unterstützung von Kriegen, solange der andere ein wirtschaftlicher Freund war. Ihm stank die Geschichte der Menschen, von Kriegen zerfetzt, auf den nächsten hinzuproduzierend. Ihm stanken die Politiker und Teilhaber solcher Auswüchse der Waffenproduktion, die dann von Land zu Land reisten, um ja nun abzurüsten, was sie erst aufgerüstet haben - alle diese Fettwanzenmentalitäten. Er erbrach sich wegen der Grenzen und Zollansprüche, die die freie Bewegung der Menschen kontrollierten, dieses waren ja alle Schnüffler und Polizistenschweine, ja Schweine - es ist eben so. Er pisste auf die Systemsucht, er pisste auf die politischen Lügenfratzen ... , der Männer oder Frauen. Ihm wurde kotzüberübel, wie die meisten Alten sich an Schadenfreude laben, indem sie erst den Schaden bringen und ihn dann versuchen wieder zu vernichten, nur am daran zu verdienen. Ihm wurde klar, dass solche Menschen keine Weitsicht hatten, weder noch eine vertraute Sicht, weder noch eine Sicht für Trauen hatten. Er kackte auf die, welche Privatbesitzanspruch auf Gottesland erhoben und dann Selbstschüsse legten. Ihm war kotzübel, als er dem Werther erzählte, dass die Behörden in allen Ländern auf der Erde mit ihren Menschen eine Bande Denunzianten wären, wie sie nie Fehler zugeben und von Frieden prahlen, reden aber dann - Raketen nach dort und Munition nach dort, wegen der Zinsen, wegen der Arbeitsplätze, natürlich auch wegen der Arbeitslosigkeit - und wegen der sozialen Lage - und sogar wegen der Freundschaft, denn sonst würde der andere doch woanders kaufen, das ist doch Freundschaft - oder sind das Abmachungen unter Ganoven und Gangstern. Ihm wurde zusehends ungemütlicher wenn er die öden Fressen der Politiker sah, wie sie ihre Wutausbrüche mit Fäusten unterstützten, wie sie mit raffinierten Managern ihre Strategien auskundschafteten. Und die abgefuckten Mentalitäten der Offiziere, die Anbeter von Macht und Geld, grobstoffliche Materievorsichherschieber, Schieber, Schieber. Kommunisten, Kapitalisten, Imperialisten, liberal oder christlich, weiß oder schwarz, gelb oder lila - das Schlimme daran war ja, dass die Menschen immer schlimmer wurden, immer korrupter, immer rauer, immer gieriger Nixon, Hitler, Mussolini, Nero, Alexander der Große, Attila, die Kirche im Namen Gottes, das Trojanische Pferd, die Spanier leeren Süd- und Mittelamerika, die Euroamerikaner radieren die Indianer aus, die Juden sollen das auserwählte Volk sein, sie werden auch ausradiert ... , die Länder sind alle korrupt und von Polizei und Armeen beherrscht... Zebra hasste die Menschen, jene - die einfach so mitmachten.

Beide schauten sich dann ungezwungen in die Augen und sahen die Netzhaut und das darunterliegende Pupillenschwarz, das sich öffnete und schloss und durch diese Pupille reiste ein Energiestrahl.. ., ein kleiner geistiger Energieaustausch fand statt.

Dann fing Aztl, verklärt und spitzbübisch grinsend, zu erzählen an. Liebe und Schmerzen sind hier. Schönheit und Hässlichkeit. Die weiterleitende Natur der Existenz - und in manchen sogar der Wunsch zur Unsterblichkeit, das sind die Grundstoffe unseres Lebens, jedes individuelle - persönliche Geschehen ist einfach episodisch. Falls du dem Leben tragisch siehst, wirf einfach die Last von den Schultern und werde untragisch. Werde leicht und trage keine Verantwortung in deinem Kopf und auf den Schultern, weder noch in Gedanken, aber tue auch niemandem etwas Schlechtes.
Doch du hast Schönheit und Humor. Auch ein Lebenszweig. Im echten Konflikt, nein, ehhm, im echten Leben ist der Konflikt der Menschen Unzulänglichkeit klar ersichtlich. Wir sind keine kastrierten Engel, die unfähig sind noch bessere Destruktivität zu fördern. Auch sind wir keine Halbdämonen, unfähig bessere und noblere Inspirationen zu haben.

Und so geht der Konflikt für die meisten weiter. Manchmal wird fortgeschritten, manchmal zurückgeschritten. Aber Liebe ist ja immer mit dir und uns - und so die Schmerzen des Wachsens. Momente ausgeglichener Freude, Sekunden zerrüttelnder Leiden. Die Großen gehen zugrunde - und die Kleinen auch. Eine Prise Wahnsinn, eine Prise Traurigkeit. Deshalb die Ablehnung gegen jene, die über moralisch perfekt sind - und selbst ist man nur hungrig. Deshalb die Abneigung der Machthungrigen, gegen jene, die nicht defekt sind. Mental oder physikalisch. Aber da sollte eine schwache Stelle im Menschen sein. Eine persönliche Schwäche - oder eine ganz intensive Liebe. Eine mögliche Form des Wahnsinns. Sei es für eine Frau oder das Erforschen der Vergangenheit - eine Form des Wahnsinns, die absolute Hingabe an eine Sache verlangt und Vergesslichkeit, Nichterinnerung an alle anderen Dinge ... Und das hast du verloren Wolf Zebra. Du hattest eine Vision, aber sie entschwand dir wieder. Die poetische Mentalität hatte dir mal Visionen zukommen lassen, in der du auch das Lieben ohne Geld und Besitzsein leben solltest. Aber vor allem die freundliche Konversation, sie ist vereist in dir, du denkst nur noch an Geld ...
Aber weiter noch, du Wolf Zebra bist ein Wiedergeborener Atlanter, genauso wie ich - und wir tragen noch die Keime einer freien Kultur in uns, einer feigen, die eben viel feiner als die Jetztzeitkulturen war. .. aber wie üblich degenerierten unsere Systeme im Machtmissbrauch. Aber es gibt eine versiegelte Kammer auf der Erde, in der die Kulturunterlagen gut versiegelt und sämtliches Wissen liegt. Und du hattest damals in dieser poetischen Traum auch die Vision, dass wenn du den Schattenlinien der Sphinx folgst, die von der

Morgensonne entstehen, welche durch ihre Tatzen strahlen, wirst du diese Kammer finden.

Und das bedeutet: Auf zu der Sphinx, Wolf Zebra.

Zurück zum Sandkasten buddeln. Denn dein Schicksal ist nicht das Geldmachen, sondern das Auffinden der Wissens Quellen und der endgültigen Verifikation von Atlantis. Materialismus und Perversion sind nichts für dich Wolf Zebra sie sind nur für jene, die sich wirklich dazu bekennen.

Jajaja, ja, diese Form des Wahnsinns wähle ich, rief Zebra, die Vergessenheit - aber Konzentration auf Eines. Ahhh, die Vision, sie ist jetzt wieder wach, da klingelt ein Rhythmus in mir, der besser schwingt als die melancholischen Klänge der Moslems, die ja keine DNS- Visionen kennen.

Und so wechselten beide die Kleidung. Aztl Werther reichte Wolf Zebra noch die Rose, damit, wenn er von ihrem Duft beduftet wird, sofort die zarte Süßlichkeit des Blühens in ihm selber erkennt und er deswegen nicht an ausgetrocknete Kadaver zu denken braucht, die in diesem Jahr wieder in größerer Fülle umherliegen. Die haben nicht genügend Regen und die Pflanzen wurden in diesem Jahr nur sechs Zentimeter hoch, deswegen waren die Orangen auch so klein - und die Wassermelonen - ihr werdets nicht glauben - die hatten nur einen Zentimeter Durchmesser.

So, geh nun, ich werde deinen Platz einnehmen Zebra. Und Zebra ging den Weg der Sphinx, von dem gesagt wird, dass der, der den Weg geht, der Reiter des ErlKönigs wird. Ohne zu übertreiben - doch der Goethe, was ging ihn der Goethe an. Und wie ein Brisewind cilte Zebra los. Mit der Rose in der Hand, Richtung Sphinx. Später wurde berichtet, dass er in der Oase Nefta, aber hauptsächlich in Tozeur, gesehen wurde - als Chinese verkleidet und - Rosen fressend sich ernährend. Die tunesischen Politiker hielten eine Sitzung und schissen sich aus. Doch konnten auch die keine Alternative finden. Aber Scheich Ben Ölo hatte ein raffinierteres Schmiermittel ,er bot eine Jugendnative an. Und somit wurde dem Wolf Zebra der Weg nach Libyen schon mal ebener gemacht. Denn da liegen noch viele Minen, die der Montgomery, das Gerippe, seine Sklaven angeordnet hatte zu legen. Und bekloppt, wie Sklaven nun mal auch sind, hatten sie in ihrem Hungerdasein vorher sämtliche Zünder aufgefressen.

Der Aztl, nun als Werther Zebra, der keine Leidenschaft zum Irdischen hatte, die ihn blind macht oder könnte, sondern der eine Leidenschaft zum Göttlichen hatte und die geistige Gabe der Hellsichtigkeit. Und deswegen fing er nun sofort an das zu machen, was der Wolf Zebra vernachlässigt hatte, alles was der Zebra nicht bemerkt hatte.

Er nahm sofort Blatt und Papier aus der Tasche und schrieb einen Brief an die Frau Anne, die auf der Insel Paros war.
„Wahnsinnig Geliebte.
Du wirst sicher überrascht sein, aber ich bin immer noch entzückt von deinem letzten Brief und gestreichelt von deiner lieben Erinnerung.
Ich wurde erregter als sonst, als du mir einige deiner Venushaare dazu gelegt hattest. Es wäre auch schön, wenn du mir auch einige deiner Intellektzellen senden könntest, denn ich schätze deine bedachten Geschenke sehr. Aber welcher Nutzen gegen dein Nichtdasein. Sie bringen dich näher zu mir,

nur weil ich mich so sehr nach dir sehne. Ich bin froh, dass es dir gut geht und die Schneiderei sich entwickelt ... und ich in diesem Land. Aber was nützt es zu murren. Lieber knurren. Ich bin bereit das zu nehmen, was für mich da ist. Ich vermisse dich sehr, seit dem du seit März dort unten lebst. Und ich gebe mich glücklich und zufrieden lustig, wenn in Gesellschaft. Doch wenn ich alleine bin heulen die Tränen wegen zu viel Wasser im Gesicht. Ich habe soo oft von dir geträumt und wir waren glücklich, welches wir auch zusammen waren. Und wenn ich dann aufwache, lag ich unter'm Bett und Ameisen krabbelten in meinem Haar und ich hielt meinen Reisekoffer engumschlungen, so wie Schleswig Holstein auch engumschlungen vom Meer ist. Das war ein isoliertes Aufwachen. Ich fühle, du bist so weit von mir entfernt. Es ist fast als ob du ein Jahr lang weg wärest. Trotzdem bin ich dir noch dankbar, über Worte hinaus, dass du mich nicht, dein Süßherz, total vergessen hast - aber ich werde andauernd mein Versprechen halten. Obwohl wir uns formal vorgestellt wurden, verlor ich doch meine Selbstkontrolle - und die Selbstkontrolle kontrollierte sich dann selbst - und ich habe sie bis jetzt nicht wiedergefunden - und gab mich dir völlig. Du weißt, nach unserem ersten Tag zusammen, im Spandauer Forst, schwörte ich, dass ich niemals jemand anderes als dich lieben würde - und da es niemand anderes gibt als dich gibt, ist es keine Schwierigkeit den Schwur zu halten, denn die anderen sind ja anders als du. Und wir würden uns treu sein, für immer. Das war unsere Hoffnung und Versprechen zueinander. Wenn du dein Versprechen hältst, wird alles schön sein und ich werde ein noch glücklicherer Mensch als schon zeitweilig. Aber falls du das Alte gegen das

Neue auswechselst, so wie ein Gebiss und so weiter - und denkst an unsere Liebe nur als ein Zeitvertreiblapalchen, so werde ich dich trotzdem lieben, werde aber ins Gras mit einem ewigen Bedauern gelegt werden. Es liegt also an dir und ich will nichts weiter darüber sagen.

Pass gut auf dich auf.

Ich würde dir gerne einen Ring senden, den ich in meiner Kindheit trug, hoffend, dass er dir als Symbol unserer Liebe leuchtet. Das was als rund bezeichnet wird, soll ja Kontinuität symbolisieren. Aber die Symbole haben oft keine Leuchtkraft mehr in vielen Menschen. Mein Herz ist dir nahe, aber mein Körper so fern. Falls Denken helfen würde - damals als es noch half war's gut - so würde ich sofort bei dir sein.

Dieser Brief trägt große Hoffnung und Verlangen, dass wir uns wieder treffen.

Pass gut auf dich auf, iss gut und mach dir keine Sorgen wegen mir, deinem Süßholz.

Adios, herzlichst in Liebe - Wolf Zebra".

Der Brief lag noch eine Weile in der Sonne, sonderbarerweise verbrannte er nicht. Dann kam die Post und alles weitere passierte ja sowieso. Die Sonnenwärme wollte inzwischen Schmelzkäse aus den Gehirnen der Menschen machen. Die Fliegen, so wurde vom staatlichen Fliegenzähler stastistikisiert, werden in diesem Jahr, allein in Maroc, 30 Billionen hoch Sex wohl überschreiten. Sie waren überall. Auch beim Koitieren. Beim Essen. Im Wind und in der Stille. Sie waren sozusagen ein kosmischer Teil der andauernden Unruhestiftereien.

Aztl hatte seine Kamera mit und machte unter leidenschaftlicher Abneigung, zusammen mit Morddrohungen und

138

Dirhamgeschrei, Fotos. Einmal als er die Kühe, die im Abfall galant, der Galant, vor der Weststadtmauer Babdoukalla geschüttet wurde fotografierte, weil sie dort so viel Abfall, anstatt saftiger grüner Wiesen, zu fressen fanden, warfen die Kinder mit Steinen hinter ihm her. Genau wie in NewYork wollen die in Marrakesch immer nur haben. Und so verging die Zeit. Der Tod lächelte nicht mehr. Ihm ging's auch schon auf den Keks, immer nur der Tod zu sein. Alle hassten ihn. Er wollte das ewige Leben sein, von dem kein Mensch der Heutzeit auf der Erde glaubte, dass es sowas gäbe - außer Aztl Werther. Und er war ja sowieso kein Mensch mehr. Vielleicht ist er jetzt ein aufgeblasener Pariser. Oder ein flotter Hotter. Jedenfalls ging er nun zurück zum Haus 156, wo der Zebra vorher war. Als er dort durch den Tunnel kam, in dem's gut nach frischem Urin roch, rief eine Person hinter ihm und hinter der Stimme,

Wolf Zebra, Wolf Zebra ...

Da waren keine Flüche in den Tönen zu hören. Flüche, die einem die Haare zum Ausfallen hätten bringen können. Er schaute dann nach rechts in den anderen dunklen Gang und sah sie. Sie hatte glattes dunkles Haar, aber nicht zwischen den Schenkeln - er blondes, verstaubtes, aber nicht zwischen den Schenkeln. Sie hatte keine 0-Beine - er auch nicht. Sie kam auf ihn zu.

Er stand sofort.

Ihre Augen waren mit dickem Glanz benetzt.

Die Europäer haben nicht mehr solchen dicken Glanz auf den Augen. Deren Glanz ist jetzt im Geld und im Auto und in den Atomraketen.

Es war eindeutig, dass sie ihn magnetisch wahrnahm. Kinder

standen dann auch schon um beide herum. Und sogar dürre Katzen glotzten laaaaahm.

Er wollte ihr Einen schieben -

Sie wollte ihm Einen rüberstülpen.

Das war klar. Klar war das. War das klar. War klar das. Aber die Mutter. Und alle die hier, die Glotzer.

Ich komme heute Abend nach Sex bei dir vorbei, flüsterte sie noch. Aztl ging mit einem Ständer lächelnd den 3 Meter weiten staubigen Weg lang, die Frauen, mitten im Holz der Türrahmen stehend, lächelten schmunzelnd auf ihn ein den Semisteifen, als ob sie plötzlich Röntgenaugen hätten.

Also hatte der Zebra doch eine Marokkanerin, eine exotische sogar, irgendwann mal kennengelernt - oder war das höhere Fügung. Hier setzte Aztls Weitsicht aus. Schmunzelnd beobachtete er dann das Einrollen seines Penisses.

Als er ins Haus trat, das nicht sofort zusammenbrach, waren die drei tapferen kleinen Schneiderleinchens in dickem Kiffrauch gehüllt. Der Rauch lag da auch auf den genähten Sachen, die genauso aussahen wie ein labiler Kiffer, mal gut, mal schlecht, zerrüttet und mit schlechten Nähten.

Ihm wurde klar, dass das gleiche in den germanischen Routine-Fabriken passierte, nur das dort der Alkoholnebelleuchtete. Oder das in Indien, Ganja die Produkte mitbeseelte. Das er selbst mal jahrelang vor diesem Erddasein als Konstrukteur für Vapor Vananda Ltd. in Moreal tagtäglich mit dem besten Afghani konstruierte oder Acapulco Gold beim Berechnen eines Batteriechargers benutzte, um festzustellen was für einen Radius der günstigere war, wenn das Gerät aus 10.000 Fuß Höhe mit Fallschirm abgeworfen wurde, alles natürlich aus Aluminium. Der Fallschirm nicht.

Die Konkurrenzfirma bekam den Kontrakt, weil sie dem Besteller für drei Monate frei ein Penthaus für die Belegschaft anbot. So werden Geschäfte gemacht.

Die angekifften Hosen und Röcke waren fertig, auch mit ihren Nerven. Andauernd das Surr-surr-zuser-ziiip um ihren Stoff.

Dann kam Hanane ins Haus. Er sah abgemagert aus. Ihm tat der Kopf weh. Komm, nimm eine 10 mg Tablette Demetrin, das hilft. Er nahm sie. Er fing aufgeregt zu erzählen an, dass sie, seine Frau, ihre Eurochequekarte verloren hätte. Und nun brauchte er Geld, um den Laden zu eröffnen. Er ist schon wieder nervös. Das Geldnervöse. Und es dauert eine Zeit, bis sie eine neue Karte aus Frankreich senden. Nicht nur das, Mitterand ist nun Präsident und ich kriege nun nicht die 60 Millionen aus Frankreich, vom Laden aus Paris überwiesen, den Hammed ja noch nicht verkauft hat. Allah, Allah was ist bloß los.

Die 60 Millionen waren natürlich wieder in Centimes gedacht ... , als ob einer in Pfennigen denkt.

Aztl Werther, der Wolf, hatte dann eine brilliante Antwort parat. Jaja Hanane, es ist schön Käse mit dem, der deine Frau ist - oder. Ich sage dieses natürlich mit vollstem Ehrgefühl. Immer wenn du sie brauchst, haben sie was verloren. Du weißt - oder nicht, eine Frau zu lieben ist gefährlich, man. Man sollte eigentlich seine Hände von ihrem schönen Verführerischen fallen lassen und so weiter. Weiß du Hanane, große Heros sollen durch Frauen zu witzigen Furzatomen gemacht worden sein. Hanane atmete auf - mit Kiff und allem. Ich bitte dich Wolf, ich denke, was den Hero als Hero zeigt, ist das Er -oder-Sie-Liebe in einem größeren Pott haben, als die meisten der Menschen. Sie messen mit anderen Dimensionen. Deshalb haben sie auch eine größere Devotion, Hingabe zu etwas - mit samt ihrem Herzen - und ihrer Seele darin.

Nur diejenigen, die große Opfer bringen, wie ich heut, indem ich nun mein Geld benutzen werde, nur die können echt lieben. Das ganze Weltall kommt von und aus der Liebe. Und deshalb liegt vor dem Weltall reine Liebe. Wo das Herz die Gedanken diktiert, da blüht Liebe im Menschen. Und so sollen die Menschen sich lieben. Es ist nicht auf ein Ding, wie das Ding~ an sich, die Sprüche von den alten vertrockneten Psylozibisophe, Kant, Heidderdegger, fixiert. In der dunklen Dunkelkammer ihrer Dunkelheiten, sondern sie läuft im Tempo der Einsamkeit eines Langstreckenläufers durch alle menschlichen Angelegenheiten. Angefangen mit der Liebe zu einer Frau oder mehreren ... , Liebe und Hingabe sind Zünd und Lebensenergie von großer LeuchtKraft und Schönheit und sie sollten in alles mit eingemischt werden, Politik, Wirtschaft, Fußball oder Paddeln. Und was ist ein Mensch schon ohne eine echte - wahre Liebe ... , ein dürrer Körper - an den Hunde pissen. Darum brauchst du einen Menschen mit großem Herzen, am besten einen Hochleistungssportler, um eine große Liebeszeit zu haben - und das schließt schließlich alles mit ein. Ameisen. Nebel. Tod und Vergiftung. Ich bin überzeugt davon, dass Liebe selbst eine Wesenheit ist, die für den Menschen empfänglich ist. Aber auch für Vögel oder Gräser. Manchmal nimmt auch sie selbst die Initiative. Aber sie ist der kosmische Weltkrieg den du erkennst, wenn du einen Menschen umarmst und beide

ineinander schmelzen und ein jeder derselbe ist.
Und es sind immer die Liebesmenschen, die an Allah denken
oder an Gott - oder an wie es sonst benannt wird ...

Nein, nein Wolf, ich liebe Natalie sehr, es ist nun mal so
Wolf. Du bist noch nicht erleuchtet genug, meinte Hanane
schmunzelnd. Aber falls du es erhöhen willst, tue es. Draußen vor der Tür ist ein Metallkasten. Mach die Tür auf, sie
wird sich sogar von selber öffnen, wenn einer echte tiefe
Blindesehliebe hat, den Weg den der klare kühle Intellekt
nur durch Erkenntnis findet.
Heute ist Vollmond und nur bei Vollmond oder Neumond
wirken die Kräfte besonders intensiv. Wenn die Tür sich öff-
net, manchmal werden auch magische Kraftwörterlaute ausgesprochen, dann lege beide Hände in den Kasten und du
wirst endlich sehen was ich meine.

Ok ... , ok, Hanane. So, nun zu den Sachen hier. Morgen bekommst du deine 400 Hosen, 200 Röcke, 50 Schals
und 20 Taschen. Auch die Spiegel werden schon zurecht ge-
schnitten. Genügt dir das Wolf, hast du genug. Ja, das genügt. Dann sind wir ja jetzt frei. Ja.

Abgelghani wird alles senden. 3,60 Dirham das Kilo ,hier
bezahlt, damit du in Germany nicht soviel Zollabgaben hast,
da sie dir ja die Frachtkosten mit auf die Einkaufskosten
rechnen und dann ihre Prozente nehmen. Das nennt sich
dann Schutz und Recht und Schutz der einheimischen Produkte gegen ausländische. Ist aber in Wirklichkeit aus der alten Zeit entstanden, als man noch Weggelder verlangte und
heute ist das noch genauso, Weggeld ... , naja, die Staaten
sind bis jetzt noch schlimmer räuberischer, weil sie gebildet,

professionell verstaatlicht legalisierte Arbeit machen ... der Nationalismus blüht stärker und stärker. Jaja Hanane, jaja ... Grenzen sind eben Grenzen und sie sind dazu da, um übergangen zu werden, solche Grenzen auf jeden Fall. Sie machen alles nur noch unnützlich teurer. Die Staaten sind die Krone der Gier. Schließlich sind wir die Menschen - und nicht Marokkaner oder Deutsche, so wie Palmen keine Kirschen sind, aber dennoch Bäume. Die Staaten sind zu gierig und machen deswegen das Menschenleben zu schwierig. Die Ölstaaten sehen jetzt wenigstens klarer. Der Westen wird eine Entwicklungs-Ausgeglichenheit durchleben, wogegen nun das, was der Westen als sogenannte Dritte Welt bezeichnet, welch eine Degradierung, diese Länder einen wirtschaftlichen Hochsprung machen werden, was zur Ausgeglichenheit einer größeren Balance führen könnte ... Jaja, Hanane, jaja.

Zebra meinte nur, dass die Menschen sich vertragen sollen, denn der eine trägt dich da hin und der dort - und dann weiß keiner mehr wo er herkam und wo's lang geht. Das kommt vom Ver- tragen, wie Ver- heben sowie Ver-laufen - oder Ver- lieben.

Jaja, meinte Hanane. Jaja, meinte Zebra.
Aztl Werther ging nun über den Fußboden und trat auf Ameisen, als Hanane schon das Haus verlassen hatte und vorher den Kiffnähern ihr nötiges Geld gegeben hatte.
In der Ferne riefen die Gebetsrufer wieder. Aber schon zu oft hat Gott Allah die Bitte der Menschen nicht angehört. Die Kriege wurden nicht verhindert, Massenmorde waren Nachtisch für die hungrige Seele des Tötens, Intrigen gehörten zum längst überflüssigen Ideal der kriegerischen Raubmen-

144

schen. Die Gebetsrufer, sie riefen Allah, Allah. Doch Gott wie er nun mal ist - weigert sich den Menschen immer nur Bitten zu erfüllen, denn die Menschen müssen selber wach werden, sie müssen selber reinere Geister werden, sie werden nicht freier, sie werden abhängiger - und das ist nicht Allah ..

Aber auch die Störche auf den Dächern, die Menschen ohne Sandalen, ohne Arbeitslosenversicherung und ohne Krankenversicherung oder soziale Unterstützung konnten Allah, Allah, Allah hören. Doch ihre Ohren wurden verstaubter und das Hören nicht so klar - und dadurch der Verstand nicht mehr verständlich, der blinde Wille fing wieder an zu treiben. Und irgendwo in der Ferne brauste sich das Fiasko der inneren und äußeren Unzufriedenheit der Menschen zusammen. Sie hatten genug, sie wollten nicht mehr. Alle wollten nur noch die Zerstörung der Zerstörung. Und das Fiasko ist jetzt momentan nun immer noch am Gedeihen und das ist Glück. Vollmond war's und der Kasten lockte.

Für Aztl war eigentlich immer Vollmond.
Vor dem Kasten stehend hatten sich die unsichtbaren Mäuse hinter ihm versammelt, ein jeder einen dicken Joint rauchend, wobei ihre Augen immer größer wurden - und als die Mäuse ganz Augen waren, da hatte der Aztl Werther genau zu dem Zeitpunkt sein Zentrum. Und das ist pikobello exakt. Beide Hände in den Kasten gelegt und eine starke schöpferische Energiewelle raste mit flüssigem Sauerstoff angetrieben durch seinen Körper. Angefangen vom kleinen Zeh, fing sich jede Zelle im Körper an, in einer supraschnellen Verschmelzung, in eine andere empfänglichere Zelle zu unterziehen, denn Aztl hatte die Hände wohl in einen Stark-

stromkasten gelegt - an dem er nun klebte ...

Flutwelle nach Flutwelle, schlimmer noch als die Hamburger Flut und die Sintflut, die letzte, als die ganze Erde von ihr beflutet war, vor neun- bis zehntausend Jahren, stiegen rasch durch seinen Körper in immer größerer Wärmeintensität, sie stiegen rasch nach oben. Und alles Überflüssige, alles Zähe, alles Vergiftete verbrennend und eine Transparenz hinterlassend, die in Regenbogenfarben nach innen glühte. Über das Rückrat liefen hellgoldene Energiewellen, strömten ins Gehirn, welches wiederum die leuchtende Energie von einer Art unsichtbarem Masseur massierte und verteilte. Sämtliche geistigen Zentren, so wie es in den alten, jetzt zu erlangenden, Büchern beschrieben sind, wurden durchflutet und durchtrompetet ,und dann verbrannt, sodass kein geistiges Zentrum übrig blieb ... Er verlor nun sein Gefühl für den Körper, denn mehr und mehr wurde alles zur Verschmelzung von allem. Er sah sich da stehen, von außen und von innen. Wie alle Organe Lebewesen an sich sind, wie der Körper eine Zusammensetzung von Zillionen einzelner Wesen war, die jetzt ungehindert mit extra tiefer Energie durchflutet wurden und das Helle im Gehirn, im ganzen Kopf, wurde immer heller, heißer. Und dann fand auch dort eine organisch - chemisch - mentalische Veredelung statt. Er wurde gereinigter. Er war gereinigter. Er war erleuchtet. Und kein Englein sang. Und in dieser Hitze der Erleuchtung sah er, wie die Menschen versuchten sich von ihrer tierischen Vergangenheit zu befreien - und - dass das gar nicht nötig war. Er sah wie die größte Blockade der Jetztzeit-Kommunikation die nationalen Grenzen und das damit verbundene Abneigungsgebäude des Andersnationalen abgebaut wurde. Da wurden in der Presse über die ganze Erde, in TV und Radio seit Wochen die blühende Information gesendet, dass sämtliche Staaten der Erde öffentlich entschieden hatten, sämtliche Landesgrenzen sofort abzubauen. Die Menschen brauchten keine Zollgrenzen mehr, sie brauchten keine Zöllner mehr, sie brauchten auch keine Kontrollen mehr, sie waren frei von nationalen Suchten geworden. Die globale Wirtschaft florierte, das nationale Bespitzeln ebnete sich aus. Und der Abbau der Grenzen war ja sowieso kosmische Unwirklichkeitsfreiheit. Aber vor allem - und das war das Allerwichtigste und der entscheidende Sprung für das, was als Menschheit bezeichnet wird, das war das Nicht-mehr-brauchen von nationalen Armeen, die waren jetzt zum Unnützen verarbeitet. All die riesigen, dem eigenen Tod zugeschriebenen, Selbstmordpläne waren somit zunichte. Die riesigen Summen des schwer erarbeiteten Geldes und des technologischen Wissens konnte nun echt menschen-fördernder genutzt werden. Und die hoch zivilisierten Barbaren, die Krone des Schlimmen, ihr wurde das Gold aus der Krone geschmolzen und die Edelsteine wurden viel viel gerechter unter den Menschen verteilt. Denn all dieses Geld konnte für dringendere Zwecke gebraucht werden. Zur weiteren Reinigung der Atmosphäre, der gasiösen, sowie der Gemütsatmosphäre, sowohl für die Reinigung der Erkenntnisfähigkeit der Menschen und der damit verbundenen schöpferischen Durchdringung des Wahns, dass die Menschen keine Menschen sind ,oder sogar geistige Wesen, sondern das sie ja eben sowieso nur kurz leben und dann sterben. Und was soll's, ich sterbe sowieso, so kann ich ruhig an der Zerstörung teil-nehmen. Sowas wurde erkannt und das Leben atmete wieder fülliger ... Da war auch keine wirtschaftliche und politische Schizophrenie mehr, denn nun kamen die Menschen der Erde für friedliche lebensfördernde Zwecke zusammen. Und da der Nationalgeist gebrochen war, setzte sich eine große geistige Schöpferkraft der Freude und freieren Freiheit durch - global. Neue Ideen, neue Visionen, neue Erfahrungen, neues an befreienden Energien, das zeigte sich nun, denn es war schon immer latent vorhanden ...

Und in den Zeitungen stand: Wer will Sowjetmenschen töten. Wer will Neger umbringen. Wollen sich amerikanische Menschen mit sowjetischen Menschen abmetzeln. Chinesen gegen Deutsche. Finnen gegen Südafrikaner. Brasilianer gegen Türken. Und überall wurde festgestellt: keiner, aber auch nicht ein einziger Mensch wollte das in Wirklichkeit. Und das wurde erkannt, weil Jeder Mensch persönlich zur Rede aufgerufen wurde und Jeder Mensch hatte sich dann frei geredet und sein Herz gereinigt, gegenüber allen anderen Menschen ...

Und die ganzen langen Jahre des Aufbaus von internationaler Kommunikation hatte sich gelohnt. Die Menschen waren so ineinander verwoben, dass Grenzen das Größte an Hindernis des Zeitalters waren, weil sie solche zerstörerischen Denkformen und Barrieren förderten, das Abkapseln der Länder. Jeder konnte hingehen, wohin er wollte. Von heute auf morgen. Und auf den Atlanten waren keine Landesgrenzen mehr zu sehen, sondern nur noch Städtenamen und Teilbezeichnungen des großen Volkes der Menschen.

Sämtliche Kriegsmaterialien wurden wieder zerlegt und verarbeitet, vieles für die Erforschung der Meere und Tiefen der galaktischen Sternenmeere. Produkte wurden billiger, weil nun eine größere Freiheit von vergeudeten Geld erreicht war. Es lohnte sich wieder für's Leben zu leben, wissend dass kein Land mehr Atombomben bauen würde, Düsenjäger oder Atomzerstörer. Es wurde kein Geheimdienst mehr gebraucht und keine Spionage mehr betrieben zu werden.

Die Menschen hatten erkannt, dass vom Pygmäen bis zum Weltmachtmenschen, kein Grund mehr zum gegenseitigen Abgrenzen vorhanden war. Die Veränderungen konnten endlich harmonisch ihre Wege gehen. Und ein großer Jubelgesang, endlich ein Menschenmenschheitsjubelgesang taumelte freudetrunken durch die Atmosphäre und vibrierte bis weit in das entfernte Weite, sehr sehr große Leben hier in dieser Welt. Der Jubel war so groß, dass das wahre Glück sich nicht mehr versteckte und auch nicht mehr wollte. Es wollte auch jubeln. Die Menschheit erfuhr zum allerersten Male einen kosmisch geistigen Orgasmus. Der materielle Schleier war gebrochen und größere geistige Welten strömten, größere geistige Weltströme, Sie flossen nun auf den Menschen ein und durch - und aber vor allem - er erkannte sie nun besser. Und die Menschen labten sich an ihnen. Die Identifikation mit einem Stück Land war erloschen, aber dennoch liebte der Mensch das Land. Aber um so mehr brannte die Wärme auch in Aztl Werther.

Bora Bora schwebte ihm da vor. Die Allahsänger sangen auf einmal - wohl DNS-artig - in Konfusion geraten: Es war in Schöneberg im Monat Mai. Und daraus konnte wissenschaftlich gesehen werden, dass das DNS globale Eindrücke hinterlässt, dass sozusagen in jedem Menschen das gleiche eingeprägt wurde und das ist schreckhaft, denn der Farbreichtum würde sehr sehr bald verblassen. Aztl fing nun an sich die Augen zu reiben. Dafür nahm er erst das rechte Auge aus dem Sockel, dann das linke, dann machte er sie auf. Mit der rechten Hand schob er beide Vorhänge zurück. Und ehhh ... , ich hatte die pralle Sonne ja im Gesicht und meine Haut verbrannte nicht ...

Wunder wah ... , doch warte, das war nicht die Sonne, das war, protz ,Protz, ihr Sonnenlicht und das war noch ziemlich rot, ein Sonnenbrand, aber nicht nur das. Obwohl ich gestern Abend, hier auf diesem Haus in der Allarsat 156, ziemlich müde auf's Dach mich in den Schlafsack gekuschelt hatte - ohne Brille, trug ich jetzt eine rosarote Brille. Wer mir die wohl aufgesetzt hat, denn ich bin kein Brillenmensch. Und war das ein Traum.

Also Marrakech, ein Stadt zum Träumen.

22. 5. 1981 - mein Geburtstag.

Wolf Zebra, Tschüss.

PS. Der 5te Monat ist in Wirklichkeit der dritte Monat.

Anhang:

Als ich dann an dem Tag mit einem Glas Orangensaft vor mir und mehr auf dem Lem-Jem-Platz auf einem Holzstuhl saß - und man, der Stuhl war aus lauter beweglichen Teilen zusammengesetzt, da kam mir diese Zeitung zwischen die Finger, es war eine Ausgabe der vereinigten Friedensforscher im Kriegszustand ... und darin las ich:

Sämtliche Staatsoberhäupter, samt Unterhäupter, eingeschlossen Mithäupter und sogar Ideologenvertreter, wurden samt der Anhängerschaft des pseudowissenschaftlichen Induktionsverfahrens, ein Verfahren, welches die Wissenschaftler als Scheinwissende entlarvt, durch die Methode des

kritischen Rationalismus, das aber wieder, um ein Schein-
wissen ist, weil die doch Äonen entfernt vom wahren Wissen
des Buddhas sind, welches echteres Wissen ist - und auch
nicht aus ihren Fehlern lernen wollen, sondern sich auch
für All-Ansprüche präpariert hatten ... Also lieber Leser, die
Geschichte geht also weiter. Da wurden also diese Staatsoberhäupter einer Analyse unterzogen, in der herausgefunden
werden sollte unter welchem Stress sich diese Menschen nun
wirklich befinden und ob sie uns nicht vorgaukeln, überhaupt noch eigenständiges, klares - und vor allem mensch-
heitlich Wertvolles an Urteilen und Wahrheitssprüchen,
sogenannten magischen Urformeln, die uns beglücken, geben können, da solche Positionen, ja, mindestens solche An-
sprüche, zufriedenstellen sollten, aber nicht nur die Position,
nein, sondern die Menschen, die in den Positionen sind.
Also wurden 70 Milliarden Weltknollars ausgegeben, damit
diese WeltErdStaatsOberHäupter und ihre Anhänger sich
auch genügend wohl fühlten. Ihnen wurden sogar die größten Versprechungen für die Zukunft gemacht und die dick-
sten, nur möglichen, Abschreibungen. Außerdem erhielten
sie alle sofort ihre Pensionsberechtigungsscheine, die aber,
sobald sie aus der Plastikhülle genommen werden, zu Asche
zerbröckeln, weil da so Vermutungen entstanden waren.
Also die kritischen Rationalisten hatten's also geschafft ...
In der Nähe von Los Vegos, in der Wüste wo Jesus auch
ging, da wurde ihnen allen unter heutzutage wissenschaftlich akzeptierten Methoden, die gleichen Methoden, die in
den Mental-Krankenhäusern angewendet werden, der/die
Patient-in wird voll Versuchspharmazeutikum gepumpt bis
er/sie schon von alleine vom vielen Pumpen aufgebläht -

fliegt und dann wird er/sie von diesen Mäuseartigen, die sich psychowissenschaftliche Arzte nennen - oder von den Massenkadavern, die auch als verhaltenstherapistische Wissenschaftler bezeichnet werden, ganz einfach bespitzelt, welches feiner gesagt, untersucht oder beobachtet sein soll. In diesem Fall wurde den wissenschaftlichen Teilnehmern, den Staats Moralpredigern, den Wissenschaftsfanatikern, den politischen Arroganzpimmeln - und Mösen, wie gesagt wissenschaftlich mit Doktoren, mit Professoren, mit Philosophen, mit Anal-ytikern, mit TV mit 3D-Vision, mit Zen-Unterstützung, mit ihren eigenen Psychoanalytikern und unter dem Eid der vollen Wahrheit freien Lauf zu lassen und zum Wohle der Menschheit beizutragen, denn das ist ihre Aufgabe und nicht zum Wohle des Ich's - ihres Ichs's anzuhäufen. So wurde ihnen ein Thema gestellt, das sie zu diskutieren hatten: Kann der Mensch kraft der Gedanken, die seine Wirklichkeit ausmachen, wirklich noch für voll verantwortlich gehalten werden, angesichts der, schon aufgerüsteten Situation und der atomaren Wirklichkeit. Oder ist der Mensch unfähig solche monumentalen Kräfte gedanklich noch richtig einzuschätzen, wobei bemerkt werden muss, dass viele Menschen meinen, sie haben es nur mit Wörtern zu tun und fördern so ihr Ego. Sämtliche Versuchsteilnehmer waren, so wie sie zugaben, bei klarem Bewusstsein und verstünden die Thematik der Frage. Sie waren bereit nun die Dosis reinen Mutterkorns zu sich zu nehmen. In diesem Falle wurde sie injiziert - auf Wunsch der Teilnehmer, da viele von ihnen ihre Stärke als Menschen beweisen wollten.

Hier das Resultat: Keiner der Teilnehmer brauchte die Pensionsberechtigung zu benutzen, denn sämtliche Anhänger dieser Sekten waren nun endlich mit einer echteren größeren Sensibilität konfrontiert. Ihnen wurde sofort klar, dass hinter jedem Wort die Kraft der Wahrheit lag und das die Sensibilität kein Jonglieren mit Spekulationen und mit Theorien mehr erlaubte. Auch öffnete sich jedem Teilnehmer die Wucht des geschaffenen Zerstörungsmaterials und viele von ihnen sind jetzt noch in Voll-ohn-Macht - und das ist gut so. Die Erkenntnis, das Todesmaterialien bei weitem die Potenz, die Lebenskraft aufrafften und die Befürworter solcher unterstützenden Sekten, der weltlich politischen Sekten, sich somit am Tod labten - also sie waren öffentlich akzeptierte Nekrophilisten, Philister, war bei weitem noch nicht so eindrucksvoll wie die Sicht, die den Versuchsbeobachtern zuteil wurde, als die Versuchspersonen anfingen sich selbst zu fragen, ob sie nun ihre Kinder solchen Situationen, die Sie für richtig hielten, zumuten können. Alle von ihnen hatten dann höllische Grimassen auf ihren Gesichtern der Persönlichkeit und es war klar, das sie zum Teil, also auch schon die Alteingefahrenen, aus der Geschichte erkannten Kriegswahn-Eindrücke in sich geformt hatten - und sie sogar akzeptierten, sich innerlich nicht dagegen wehrten, solchen Bildern Freiraum zu schaffen, also ein überaus extremer Zustand der geistigen Verwahrlosung. Aber das Lächeln, das sie für die TV-Kameras brachten, das funktionierte noch automatisch und elektrisch zugleich ...

Bei der zunehmenden Nähe der gestellten Frage überhaupt, war ein viel größeres inneres Abkapseln betrachtet worden, trotz der Mutterkorndosis. Also es war ersichtlich, dass sie blinde Willensmenschen waren, mit einem Häufchen Vernunft, mit einem Häufchen Logik, aber mit einem Berg

Wollust - diese verklemmten Sexer ... Als sie dann doch zur Wirklichkeit der Atombomben kamen, brachen fast alle in Tränen der Angst aus, sie waren überflutet und durchzogen von den Bedrohungen der geschafften Situation.

Ihnen wurde das Wirkliche nun zuteil, sie hatten keine Möglichkeit mehr sich am Intellekt zu laben und alles immer weiter zu schieben ... Einige von ihnen verlangten nach ihren Müttern. Einige wollten wieder Hand in Hand mit ihren Freundinnen gehen, schwimmen oder sich verstecken, andere versuchten Harikari mit ihren ausgerauften Haaren zu machen, andere wiederum drehten nicht so durch und hatten schon eine Ahnung vom Bewusstsein der friedlichen Belebung der Menschen - aber sie weinten trotzdem. Alle wurden für untauglich gehalten und alle akzeptierten diese erkannte Selbsterkenntnis, sie wollten aus ihren Fehlern lernen. Und das war eine große Befreiung für die gesamte Menschheit. Hoffentlich kommen nicht wieder solche Typen an irgendwelche wichtigen Positionen ...

Stimmt, rief ich dann laut aus. Und da schaute mich doch tatsächlich ein marokkanischer Polizist schaaarf an - ob der wohl Geil auf mich war ...

3. Juni 1981, Altstadt von Mrakech

154

Hanane Mohamed

Mrakesch Altstadt 1974

Marrakesch Altstadt 1975

Auf dem Dach der Altstadt 1981
Mrakesch Toilette 1974

Marrakesch Altstadt und Mauer 1975

Schreiben des Buches auf dem Dach und
Wohnung der Altstadt
Wohnung von Hanane Mohamed 1981

Das Altstad
Leben 1975
in Marrakesch

Altstadt Menschen Marrakesch 1981

Marrakesch Altstadt 1979

Marrakesch Altstadt 1974
Platz Djemaa el Fna

Hananes Frau
aus Fronkreich
1981 mit Sohn

Auf dem Platz Djemaa el Fna, 1974

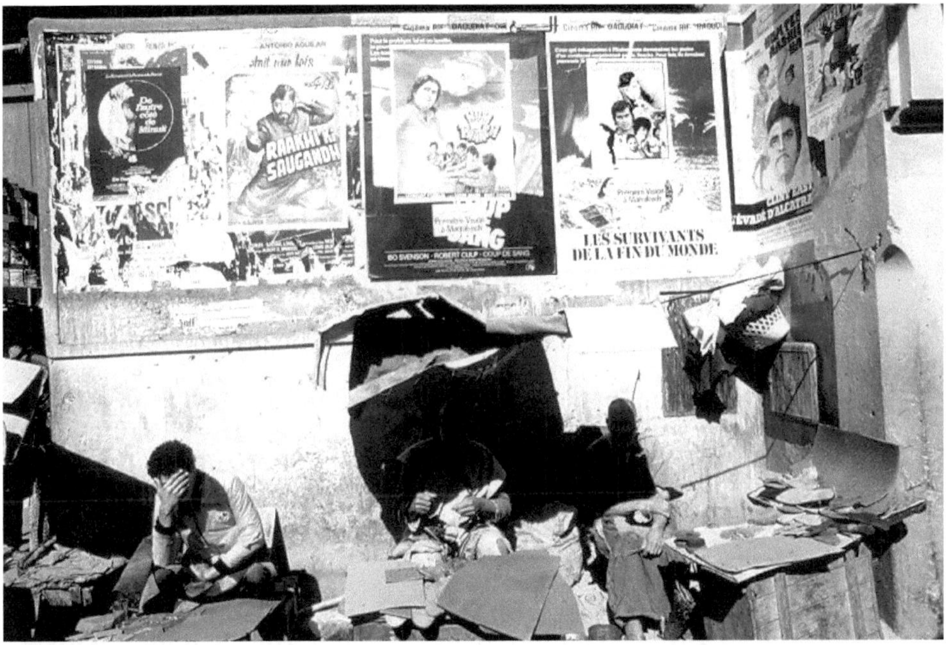
SAUGANDH
BO SVENSON · ROBERT CULP · COUP DE SANG
LES SURVIVANTS
DE LA FIN DU MONDE

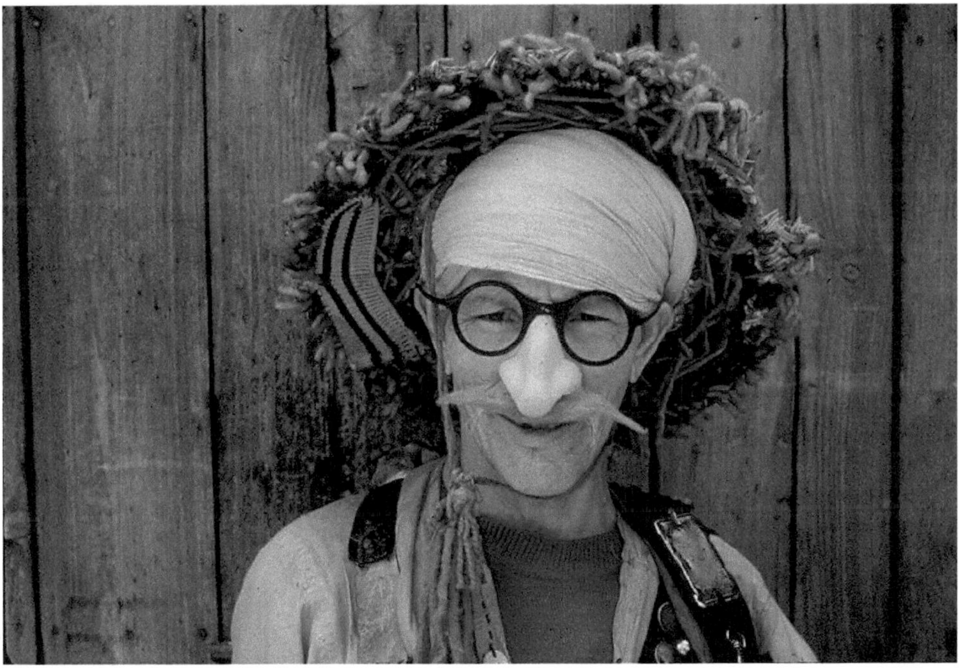

Bisher erschienen oder in Vorbereitung von Wolf Schorat

Meditative spirituelle Schwangerschaftslösung *Sachbuch***Buddhas höchste Lehre** *Sachbuch (nach 2600 Jahren zum ersten Mal ins Deutsche übersetzt)* • **SpirituelleTransformation der Industrie** *Anleitung zur Qualitätssteigerung* • **Mit dem Solar-Kanu zur Hudson Bay** *(3000 Kilometer von Saskatchewan zu den Eisbären) Expeditionsbeschreibung* • **Kohlenhydrate Eddy** *Verrückte Erzählung* •**Modernes Amerikanisches Management in München***Wahre Kriminalerzählung* • **Die blitzartige Erleuchtung des Herrn „Z"** *Humorvolle Erzählung* • **Wiedergeburt und Erleuchtung des jungen Werther in Marrakesch***Humorvolle Erzählung•* **Reise zur Fraueninsel** *KomischeLiebeserzählung•* **Die Realität des Geleerten** *Seltsame Erählung mit Erfahrung des übernatürlichen Lichts* • **SigurdLichtlos oder die Menschwerdung eines Engels** *Meditative Kriminalerzählung* • **Als Jesus noch blödelte** *Die Witze die Jesus erzählte, der Vatikan jedoch verbot* • **Als ich noch Jude war***Erfahrungserzählung***DerDetektiv***Detektiverzählung auf spirituellem Niveau•***SalzigerHonig***Liebeserzählung* • **Gott mit Koffer und Handtasche aufder staubigen Landstraße zur bedingungslosen Liebe***Poetische Erzählung* • **Abschied vom Angeln** *Erzählung* •**Mit Lachsen und Grizzlys am Babine River in British Columbia** *Erzählung* • **Sogar in Kanada lebt der Blues derGermanen** *Verrückte wilde Erzählung* • **Die Auflösung***Tagebuch-Tage* • **Sie nannten ihn Fuzzy** *Wenn 10-Jährige mißbraucht werden, Erzählung* • **Liebe stinkt nicht***Theaterstück* • **Der Sinn des Papalagie** *Witzige Antworten•* **Ausbildung zum spirituellen Therapeuten** *Ein persönliches Lehrbuch* & ***Die Meisterin Ching Hai*** & ***Rosa Frühling in Montreal*** *Erotische Erzählung* & ***Reise zur Badewanne*** & ***Erleuchtung durch alkoholische Getränke*** & ***Psychologie der Meister*** & ***Demokratie******Faschisss******Muuus*** & ***Das Mantra „Mich selbst erkennen"***

Erste Auflage 2011
© TonStrom Verlag, Bad Zwesten
Tel/Fax 05626-1414
Lektorat: W. Schorat
Design u. Satz: W.Schorat
Umschlag: W. Schorat
Alle Rechte vorbehalten
Printed in Germany BoD GmbH

ISBN - 978 - 3 - 932209 - 20 - 8